永遠なる「傷だらけの天使」

山本俊
佐藤

ke

a pilot of wisdom

プロローグ

『傷だらけの天使』。それは1974（昭和49）年10月から1975年3月にかけて全26本が放送された伝説的「テレビ映画」である。

「大宮のローリング・ストーンズ」とも呼ばれたGSバンド、ザ・テンプターズのヴォーカリストとして活躍したのちに俳優に転向。これまた伝説的な刑事ドラマ『太陽にほえろ！』（72〜86年）の初代新人刑事役で圧倒的な人気を得た萩原《はぎわら》健一＝ショーケンの、さらなる表現欲求を満たすために企画された野心作。

レギュラー出演者は当時、新進気鋭の水谷豊、特異な存在感で圧倒する岸田森《しん》、岸田今日子ら。そして多彩かつ豪華なゲスト陣が集まった。

萩原の要望で深作欣二《きんじ》、恩地日出夫《おんち》、神代辰巳《くましろたつみ》、工藤栄一といった劇場映画で高い評価を集めていた映画監督が招聘《しょうへい》され、斬新な演出で「テレビドラマ」の枠を打ち破った。

さらに萩原のコーディネイトは盟友・井上堯之《たかゆき》、大野克夫《かつお》らによるニューロック的な音楽、菊池武夫による最先端のファッションにも及び、その圧倒的なカリスマを往時の若者たちに叩《たた》きつけた。

メインライター・市川森一《しんいち》はじめ気鋭の脚本家たちはセンシブルな物語を紡いだ。

放送当時はさほどの視聴率もなく、性的描写の多さから不良番組扱いもされた本作だが、熱烈なマニアを生み、今なお熱く語り継がれている。本作から受けた影響を公言するパフォーマー、クリエイターも多く、後年にはオマージュをささげた映画、その設定を引き継いだ漫画、小説なども発表されている。

そして、放送から50年近くの時を経た今も、U-NEXT、アマゾンプライムなどの動画配信サイトやDVDソフト、映画・ドラマ専門チャンネルで繰り返される再放送を通じて、そのぎらついた輝き、猥雑《わいざつ》な空気、そして「かっこ悪いという名のかっこよさ」を見せつけている——。

今回、そんな『傷だらけの天使』の書籍を執筆することになったひとつのきっかけに、私と共著者の佐藤洋笑さんの、共通の知人であるラジオディレクターT氏からの、熱烈な後押しがあった。T氏は1965（昭和40）年生まれの現在50代後半。本放送、再放送で『傷天』の魅力にどっぷりはまり続けた世代だ。

「自分と、その同世代の人間たちが熱烈に愛する『傷だらけの天使』の製作当時の背景を、空気を、おふたりの文章を通して感じ取りたい」というのが、T氏の願いだった。

私と佐藤さんは『傷天』に関しては本放送も再放送もリアルタイムでは体験したことがなく、遅れて来た世代ではあるが、もちろん伝説の番組だということは知っていたし、興味もあった。

また、当時は助監督だった岩崎純氏や、脚本家の柏原寛司《かしわばらひろし》氏など、過去の著作で取材して知遇を得た方々が『傷天』に参加していることも、取材をしてみたいと思った動機のひとつだ。

本書は、昭和の若者たちに鮮烈なインパクトを与えた名作青春「テレビ映画」の制作関係者の証言、そしてその影響を多大に受けたクリエイターたちの回想をもって、この稀有《けう》な番組の成り立ちを解き明かし、その価値を改めて世に問うものである。

自由を求めて社会に挑戦していったオサム（萩原健一）とアキラ（水谷豊）の姿は、長引く経済不況や過度の同調圧力で息苦しいこの国に生きる、老若男女全ての人々の共感を得るであろう……これは『傷天』後追い世代である私の嘘偽《うそ》らざる感想である。

主演・萩原健一はじめ、物故したスタッフ、キャストも多くなった。今こそ、いや、今やらねば、この永遠に語り継がれるだろう『傷だらけの天使』に携わった人々の証言を集めることは不可能だ。私と佐藤さんは鮮烈な現場の記憶に迫るべく取材を重ねた。その結果を是非、ご一読いただきたい。

本書では、撮影、編集など映画（テレビ映画）の現場における実作業のことを「制作」、それに対し、資金集めなども含めた作品全体のプロデュースのことを「製作」と分けて表記する。例えば、映画会社が映画を作る場合は「製作」。テレビ映画ではテレビ局が「製作」、その下請け会社は「制作」となる。

山本俊輔

2024年1月

目次

第4章　路線変更――そして、伝説に――117

第5章 『傷だらけの天使』全26話あらすじと解説

第1話　宝石泥棒に子守唄を
第2話　悪女にトラック一杯の幸せを
第3話　ヌードダンサーに愛の炎を
第4話　港町に男涙のブルースを
第5話　殺人者に怒りの雷光を
第6話　草原に黒い十字架を
第7話　自動車泥棒にラブソングを
第8話　偽札造りに愛のメロディーを
第9話　ピエロに結婚行進曲を
第10話　金庫破りに赤いバラを
第11話　シンデレラの死に母の歌を
第12話　非情の街に狼の歌を
第13話　可愛いいい女に愛の別れを
第14話　母のない子に浜千鳥を

第6章　その後の『傷だらけの天使』

再燃する『傷天』人気

第1章　『傷だらけの天使』前夜

カリスマ「ショーケン」の誕生

『傷だらけの天使』が生まれるまでには、見逃せないいくつかの出会いや時代状況の変化がある。まずはその潮流をたどっていきたい。

『傷だらけの天使』の主演であり、番組企画のキーマンである萩原健一は1950（昭和25）年埼玉県生まれ。生家は生母が営む鮮魚店。兄、姉が2人ずつの末っ子。そして、兄姉とは父親の異なる非嫡出子だった。庄屋の娘であった生母は家業にいそしむ傍ら、身の回りにあった朝鮮人差別や部落差別に反対し、支援をするなどの活動も行っていたという。

また兄姉の嗜好《しこう》を通じて絵画や音楽、小説に浴びるように触れてきたことが彼の繊細な感性に大きな影響を与えた。
私立学校聖橋《ひじりばし》中学校に進学する頃には、裾の広がったラッパズボンにきれいに磨き上げた先のとがった靴を決めるいっぱしの不良少年になっていたという。その当時、後にファッション・ブランド、メンズ・ビギに勤める友人・村岡勝重と知り合ってアイビーファッションの洗礼を受け、中学3年生の頃には2人して銀座に繰り出していたという早熟な面もあった。アイビー風の格好は当然目立つもので、村岡やその友達は不良グループに目をつけられ「パー券」＝パーティのチケットを買わされるだけでなく、5000円分のノルマを課され、チケットを捌《さば》くことも命じられたという。当然、中学生の手には余ることが多かった。彼らから相談を受けると萩原は、1枚500円のチケットを自分の分だけ購入させて、残りのパー券を受け取り、「これで勘弁してくれ」と交渉に赴くのだった。押し問答の末、大概は勘弁してもらった。

そういう交渉役が、おれの役回りだったんだ。兄と姉が四人いるおれは年上の扱いに慣れていたし、いつも、軟派と硬派の間にいたから。

（萩原健一『ショーケン』講談社、2008年）

もっとも、このことが契機なのか、萩原は朝鮮学校の生徒が主催のパーティに出入りし、交流を持つようになる。その朝鮮学校のOBが、大柄な「ダイケン」。また別の高千穂高校の番長が通称「チューケン」。彼らは対立する学校同士で喧嘩《けんか》騒ぎを起こすこともままあった。そういう時には萩原も参加する。だが、もっぱら「電車が来るから、ホームの前に落とすなよ！」と暴走する仲間を抑え、ダイケンに「やめといたほうがいいよ」となだめるのが常だった。そんなところがダイケンに気に入られたのだろうか。萩原の本名は「敬三」だったが、なぜか「ケンちゃん」と呼ばれていた。そしてダイケンの弟分のような存在として、ひときわ細身の萩原が「小ケン＝ショーケン」の通り名で呼ばれるようになった。

この当時、彼らは京浜東北線で通学していたことから、自然と知り合い、交流を深めていった。待ち合わせは赤羽《あかばね》。外国籍の友達も多かった萩原もよく在日と勘違いされたという。こうした背景や、母の考えの影響もあったのか、「理不尽な差別」といったようなものに対して、萩原は没後発表された『ショーケン最終章』（講談社、２０１９年）に「私は子どものころから差別や弱い者いじめが大嫌いだった」と怒りをあらわにする記述を残している。

またのちに萩原の出世作となる映画『約束』（72年）の脚本を手掛けた石森史郎《ふみお》は、萩原から朝鮮学校の友達が在日朝鮮人の帰化事業で北朝鮮に渡った思い出なども聞いているという。「向こうは地獄だった。可哀相《かわいそう》だ」（『ショーケン　天才と狂気』大下英治、青志社、２０２１年）との思い出も。こうした理不尽な現実に対する憤りといったものは、少年時代から萩原の中にはぐくまれていたのかもしれない。

ちなみに女性への興味は早くから持ち、中学生になる頃にはマスターベーションを覚え、14歳で初体験。こうしたことを彼は幾度も告白している。こんな無頼ぶりの一方で、母親に全て見すかされているのではないか、不潔なことをしたのではないかという罪悪感とも、恐怖感ともつかぬアンビヴァレンツを抱えていたというのが、繊細で複雑な彼らしい側面ではないだろうか。もっとも17歳の時に1つ年上の少女と関係を持ったのちは、赤坂、六本木の盛り場でパー券を売り捌き、ガールハントに明け暮れる毎日だったが。

ザ・テンプターズ加入、GSブームが席巻

そんな時期、朝鮮学校主催のパーティで、バンドの女性ヴォーカリストが生理痛で歌えない事態になった。クロークを務めていた萩原が代打のヴォーカリストとしてステージに上がる。歌の練習も何もなく、無手勝流のステージだったが、当時中学三年生、その現場では最年少の萩原のパフォーマンスは喝采を浴び、萩原はそのバンド、ザ・テンプターズにヴォーカリストとして加入する。折しも巷《ちまた》では空前のグループサウンズ＝GSブームが沸き上がっていた。欧米のロック・シーンの盛り上がりに呼応して、日本でもコンボ編成の電気楽器を主体としたバンドが誕生していく。それらは「GS」なる和製英語で総称され、1967（昭和42）年頃には一大旋風を巻き起こしていた。その中でシーンをリードしていたのがホリプロに所属し、堺正章《さかいまさあき》をヴォーカルに井上孝（堯）之、大野克夫、かまやつひろしといった名うてのミュージシャンが集っていたザ・スパイダース。そして稀代《きたい》の歌い手沢田研二を擁し、爆発的な人気を得ていたのが渡辺プロ所属のザ・タイガースだ。

ザ・テンプターズは「大宮のローリング・ストーンズ」とも呼ばれた、ブルースからの影

響の濃いバンドだった。ギタリストの松崎由治には作詞・作曲の才があり、オリジナル楽曲も多く発表。また独特の音色で演奏レベルも高かった。そして弟分バンドのジュニア・テンプターズから昇格した大口広司は疾走感のある力強いドラミングを披露。萩原のハスキーかつ繊細さを感じさせるヴォーカルと、しばしば披露するブルースハープでザ・ローリング・ストーンズなどの「黒っぽいフィーリング」のロックのカヴァーを得意とした。

恵比寿《えびす》や新宿に店舗のあった中川三郎ディスコティック、渋谷のリキパレスなどでの演奏は評判を呼んだ。横浜のゼブラクラブに出演する際には「クライング・ベガーズ」と名乗ることもあったという。そんな彼らを当時ホリプロ内に自身のマネジメント事務所スパイダクションを立ち上げていたザ・スパイダースのリーダー・田邊昭知《たなべしょうち》がスカウト。ザ・スパイダースの弟分バンドとして、売り出されることになった。デビュー曲「忘れ得ぬ君」、続く「神様お願い！」はともに松崎のオリジナル曲。特に後者はオリコン・チャート2位まで上昇するヒットとなる。ザ・ローリング・ストーンズのミック・ジャガーから の影響を公言する萩原のステージングはドラムセットが組まれた壇に飛び乗ったり、勢い余って舞台から転落したりといった、後年のソロ活動の片鱗《へんりん》をすでに感じさせる激しいものだった。
「僕はあんまりグループサウンズを見ていなかったんですけど、ザ・テンプターズってやんちゃな感じというか不良っぽいし、特にショーケンの歌い方なんかはお尻を出したり変なポーズで歌ったりしていたんで、面白いなとは感じていましたね。サウンドが、グループサウンズとは全然違うなと」（萩原と交流のあるファッションデザイナーの菊池武夫）
だが、当時は歌謡曲の隆盛期。ザ・テンプターズは職業作家の楽曲を発表することも多かった。また松崎のオリジナル曲もファンから公募した詞に曲をつけた「おかあさん」など抒情《じょじょう》的なもの、楽曲内に童謡のフレーズを盛り込んだ物語性のあるものなどに傾倒していく（解散後の話だが、松崎は劇団・東京キッドブラザースの音楽制作にも携わる）。こうした活動はロック志向の強い萩原にとっては不本意な面もあった。

さあ、いざデビューってときから、ぼくは文句ばっかり言っていた。だって、変なアップリケの付いたヒラヒラのユニフォーム着せられちゃってさ。アレには参った。もう、こっ恥ずかしくてさあ、イヤだったな。すっごくイヤだった。ホンットにイヤだった。
（前掲『ショーケン』）

アマチュアのころのテンプターズは、そうじゃなかった。ぼくが初めて参加したころはまだ、素敵なブルース・バンドでした。
（同前）

そう、ザ・テンプターズに対しても萩原はアンビヴァレンツな感情を抑え切れなかった。ザ・テンプターズはその後も本場メンフィスでの録音（もっとも、実質は萩原が単身渡米し、海外のミュージシャンと共演。ごくわずかに松崎がギターに参加するものだったが）を敢行するなど、意欲的な活動を続けたが、ＧＳブームの衰退に伴いセールスは悪化。結局歩調を合わせるように１９７０（昭和45）年に解散する。翌年、ザ・テンプターズと同時期に人気を博したザ・スパイダースから井上堯之、大野克夫、ザ・タイガースの沢田研二、岸部修三《おさみ》（一徳）、そしてザ・テンプターズの萩原、大口広司が合流してＰＹＧ（ピッグ）を結成する。本格的なロック・バンドを目指してのスーパーグループの誕生だったが、二枚看板ともいえる沢田と萩原のファン層の乖離《かいり》や、それぞれが人気ＧＳの出自ということが、芸能プロ主導の企画との偏見を持たれて、聴衆の反応は芳しくなく、「帰れ」コールや投石の洗礼を浴びるなどの苦難を味わった。ファン同士の喧嘩、投げつけられる腐ったトマト……。そんな中でも沢田研二は誠実に歌い上げたが、萩原はここでは自分のやりたいことはやれないとの思いを募らせていた。

自分のイメージは自分でつくって、たとえ与えられた歌でも歌いたいように歌いたい。自分は創作家であって、創作をしたかった。当然、事務所のやることにも口出しするし、周囲にはうるさがられる。

（中略）

PYGでは自分を表現できない。ここには、自分がないんだ。自分がない。自分がない。自分がない。

（同前）

結局PYGから萩原は離れる。そして沢田研二がひとりリード・ヴォーカルを取るようになっていったPYGも沢田のソロ活動にシフトしていく。沢田のバックは井上堯之バン

ドとして、ほぼＰＹＧのメンバーが引き継いでいくが、

ＰＹＧは一つのチームだから、要するにみんなイーブンなわけね。でも沢田と井上バンドとなると、やっぱりこちらはバックだからセルフ・アイデンティティは引っ込むわけだ。

（『ロック画報』第７号、ブルース・インターアクションズ、２００２年刊より井上堯之の発言）

と、メンバーの井上堯之は回想する。純粋に音楽を追求しようとしたロック・グループ構想は受け入れられないまま自然消滅。萩原にとっては業界から足を洗うことも考えたという、失意の日々であった。

映画製作への傾倒

この頃から萩原の中に映画への興味が高まっていった。兄の映画鑑賞のお供をしてきた頃からの無類の映画好きの側面が顔を出してきたのかもしれない。だが、当時の萩原は俳

優というより、映画監督への志向が強かったという。そして彼は、松竹でＧＳが出演する歌謡映画を撮っていた映画監督・斎藤耕一に師事した。これにより徐々に萩原の活動は映像作品に主軸が移っていく。ザ・テンプターズ時代にもアイドル的に『ザ・テンプターズ　涙のあとに微笑《ほほえ》みを』（69年）という映画に出た経験はあったが、渡辺プロから、映像中心の渡辺企画に所属を移し、斎藤監督の辺見マリ主演作『めまい』（71年）、前田陽一監督の天地真理主演作『虹をわたって』（72年）という作品に小さい役ながら出演を果たしている。

この時期に萩原は、六本木、新宿などの飲み屋に顔を出し、音楽関連にとどまらず、映像、ファッションなどさまざまな分野で活動するクリエイターたちと交流を深めていた。演出家の福田善之《よしゆき》、蜷川幸雄《にながわゆきお》、劇作家の清水邦夫、俳優の石橋蓮司《れんじ》、蟹江《かにえ》敬三、写真家の加納典明《かのうてんめい》などの錚々《そうそう》たる顔触れだ。そうした中に新進気鋭の脚本家・市川森一もいた。

市川森一は１９４１（昭和16）年長崎県生まれ。父は地元の名士。幼い頃から物語や絵画の創作に熱意を傾けていた。病弱な生母の見舞いの道中、幼かった妹に創作した物語を語って聞かせていたという逸話もある。10歳の時に生母を亡くし、継母に育てられる。しかし、その生活は決して幸せなものではなかったようだ。母の死後、キリスト教の信仰を持ち、洗礼を受けている。教会で日曜日の礼拝が終わると、志をともにしている友人たちと紙芝居や人形劇を被差別部落の子供に見せる活動も行っていたという。やがて日本大学芸術学部映画学科に進学。卒業後、シナリオライターへ。円谷《つぶらや》プロの『快獣ブースカ』(66〜67年)でデビューすると、『ウルトラセブン』(67〜68年)、『怪奇大作戦』(68〜69年)などの作品でファンタスティック、かつどこかナイーブで哀感ある物語を創造していった。その後も『帰ってきたウルトラマン』(71〜72年)などの人気作を手掛ける中、71年には『刑事くん』(71〜76年)の脚本に参加する。『刑事くん』は『柔道一直線』(69〜71年)で人気を博した桜木健一を主役に据えた30分の子供向けテレビドラマだったが、脚本は当時第一線級の売れっ子だった佐々木守はじめ、長坂秀佳《しゅうけい》、中島丈博ら後の大御所が多く参加する意欲的な番組だった。

ある時、萩原健一は「面白そうじゃない。おれも出してよ」と市川に申し出た。

市川が用意したシナリオは、刑事くんが事件の捜査中に知り合う青年と心を通わすが、彼は犯人を射殺した過去を持つ、元刑事だった——という内容。サブタイトルの「もどらない日々」とは萩原健一＋ＰＹＧで発表された楽曲と同題で、ドラマの随所にこの楽曲がかかる、『刑事くん』の中でもひときわ印象に残るエピソードだった。これを契機にか、『刑事くん』は沢田研二はじめ、当時の人気アイドルを多くゲストに招き好評を博した。このエピソードは、萩原と市川の重大な出会いと言っていいだろう。

ちなみに、萩原は学生運動に参加した経験も告白している。ベトナム戦争の時代、米軍の野戦病院が日本の王子にできることに対する反対運動のデモに参加し、機動隊に追い回され、捕まってしまった。母親まで警察に呼ばれたことに萩原は大いに落胆している。

公団住宅の壁の内側に隠れたら、上から見ていた住人が、
「おまわりさん、ここにいますよ、ここ」
機動隊に向かって声をかけてやがる。随分矛盾した話だなあ、と思った。
学生やぼくたちは、その住人たちのために反対運動をやっているわけでしょう？

（前掲『ショーケン』）

萩原には強固な政治信条があったわけではない。何か満たされない気持ちが、気分が反対運動に駆り立てたのだという。それは、素朴な正義感でもあったろうし、世の中の理不尽への怒りでもあったろう。しかし、手助けに駆けつけたはずの現地の住民によって警察に突き出されてしまった。精一杯やったことが挫折する。ザ・テンプターズやPYGと同様の経験だ。それっきり萩原は学生運動から手を引いた。

本格的主演作『約束』の高評価

萩原が師事していた斎藤耕一が1971（昭和46）年に松竹映画『約束』を撮ることになる。萩原はこの現場にサード助監督として参加した。俳優の付き人からお茶くみまでこなしたというから、萩原の本気度が伝わるエピソードと言えよう。ところが主演女優の決定に難航。そのためスケジュールが狂い、当初決定していた主演俳優は降板してしまう。

絶望的な状況であるが、萩原はふとしたひらめきから、当時、映画監督イヴ・シャンピと結婚し日仏を行き来していた大女優・岸惠子に脚本を送ることを提案する。ダメで元々とばかりに丁重な手紙を添えて送られた脚本に岸は好感触を示す。ただし、条件がひとつ。

共演俳優の写真を送れというのだ。すでに主演予定の俳優は降板。そのほかの俳優への折衝も不調に終わる。こうした中で今度は斎藤監督が突飛な案を出す。萩原の写真を送ろうというのだ。これも苦し紛れの策だが、岸は萩原に興味を示す。その後、萩原は斎藤の命で岸の運転手や衣装選びに付き合いつつ準主役を演じることになる。この映画は高い評価を得て、毎日映画コンクールの監督賞、脚本賞などを受賞した。そして俳優・萩原健一の出世作になった。ここから萩原は俳優業に本格的に取り組むようになる。

映画の斜陽期、そして「テレビ映画」の台頭

とはいえ、1970年代初頭は映画の斜陽期。特に71〜72年は製作環境が激変した時期だった。1958（昭和33）年頃には11億人の観客動員数を誇るなど隆盛を極めた日本の映画業界ではあったが、1953（昭和28）年に放送を開始したテレビが1959（昭和34）年の皇太子（現・上皇）の結婚を契機に急速に普及し、1964（昭和39）年の東京オリンピックでその勢いは加速した。一方で劇場映画は大幅に観客数を落とし、製作本数も激減していた。また既存の大手映画会社のうち、新東宝は1961（昭和36）年に製作を

停止するという事態になる。

時代の変化を見て各映画会社もテレビ室、テレビ部などの名称でテレビ番組制作部門を設立し、この状況に対応していた。劇場映画を「本編」と呼び、テレビを下に見るという空気が色濃い中でも、テレビに新たな鉱脈を見つけようという機運も高まっていたのだ。東映は、出資も行っていたNET（後のテレビ朝日）で15年半の長きにわたって放送された『特別機動捜査隊』（61〜77年）を制作するなど積極的にテレビドラマに携わり、この面で業界をリードした。そしてこうした映画会社がフィルムを主体に撮影する作品は主に「テレビ映画」と呼ばれた。

VTR仕様のスタジオを整備し、『七人の刑事』（61〜69年）など黎明《れいめい》期の日本のテレビ界を代表するスタジオドラマを送り出していたTBSも、一方で円谷プロや東映、大映テレビ室が制作する人気テレビ映画を擁していた。

こうした状況において、日本テレビは設立当初にアメリカの比較的小規模なテレビ局を参考にしたということもあり、自社スタジオなどの設備に乏しい面があった。そこで舞台、スポーツ、演芸などの中継や古い劇場公開映画のテレビ放送に注力していたが、それに加えて海外ドラマの買いつけに力を入れ、吹き替えによる放送でいくつもの人気作を送り出した。それを発展させるような形で映画会社と組んでフィルム撮影のドラマ、すなわちテレビ映画の製作に注力していく。その中心を担ったのが、プロデューサーの岡田晋吉《ひろきち》である。

岡田は1935（昭和10）年生まれ。慶応義塾大学卒業後、1957（昭和32）年に日本テレビに入社した。彼は海外ドラマの吹き替え版の制作を経て、自社制作のテレビ映画作りに傾倒していく。当時日本テレビのドラマ関係のプロデューサーは各々制作会社を担当する形だったが、岡田が担当したのが東宝であった。その端緒となったのが、東宝で野性味と知性を感じさせる風貌でオールマイティに活躍していた俳優・夏木陽介を主役に据えた『青春とはなんだ』（65〜66年）。これを皮切りに岡田は青春ドラマ路線を確立させる。ところが、この当時は映画俳優を主役に迎えても、俳優に映画の仕事が舞い込むとそちらが優先され、キャンセルになるといった、テレビを下に扱う風潮はまだまだ強いものがあった。

しかし、映画界の興行不振は60年代を通じて高まる一方で、ついに1971（昭和46）年には大映が倒産。日活はロマンポルノと呼ばれる成人映画路線に舵《かじ》を切ることになる。

当然、俳優、スタッフの流出も相次ぐ。東宝もこの事態を受けて、自社での制作を中止。制作部門を独立させた「東宝映像」や、関連会社に制作をゆだね、本社は劇場の運営配給などに注力していくことになる。

まさに混迷を極める時期であるが、この人材の流出や再編がテレビ映画に大きな改革をもたらした。それまで映画でしか見られなかったスター俳優が新天地を求め、テレビ映画に出演。また映画界で名を成した監督、脚本家などのスタッフも参入し、『木枯し紋次郎』(72年)、『必殺』シリーズ(72年〜)といった後世にも語り継がれる名作が多く放たれるのである。こうした中で岡田が企画したのが、当時渡辺企画のプロデューサーであった工藤英博が「『傷だらけの天使』につながる重要な仕事」と振り返る『太陽にほえろ!』であった。

テレビ映画の金字塔『太陽にほえろ!』

それまで青春ドラマのヒットを飛ばしてきた岡田だが、ライバル局TBSが持っていた『ザ・ガードマン』(大映、65〜71年)や『キイハンター』(東映、68〜73年)のような「長寿番組」を望んでいた。そしていくつかの試行錯誤の末、立案されたのが、従来は事件が主体で、ストーリーを進行させる狂言回しのような扱いになりがちだった刑事側をクローズアップし、彼らのキャラクターを描くことに注力するというものだった。

主演に招かれたのは日活出身の大スター・石原裕次郎。彼が扮《ふん》するボスのもとに個性豊かな刑事たちが集うという図式である。このキャスティングは映画が斜陽化し、銀幕のスターがテレビに新天地を求めるという例の最たるものだろう。

石原は1934（昭和9）年生まれ。慶応義塾大学在学中の1956（昭和31）年に当時文壇を席巻していた兄・石原慎太郎原作の日活映画『太陽の季節』に端役で初出演。その後『狂った果実』（56年）で主役に抜擢《ばってき》されるや、そこはかとない上品さとワイルドな不良性を同居させる得がたい個性で日活が得意としたアクション映画、青春映画で活躍。日活のみならず日本を代表する映画スターとなっていた。さらに1963（昭和38）年には自ら制作会社石原プロモーションを設立。お仕着せの企画にとらわれない自由な映画作りを標榜《ひょうぼう》し、『黒部の太陽』（68年）、『栄光への5000キロ』（69年）などの話題作を公開。骨太の映画製作を続けたが、映画斜陽期にあって興行が低迷する作品もあり、経営は悪化。1971（昭和46）年には自らが結核を患うなど苦境の真っただ中にあった。そして古巣・日活のロマンポルノへの路線変更……。

こうした時期にあっても、テレビへの出演に難色を示す裕次郎であったが、テレビ局側、そして裕次郎率いる石原プロモーションのスタッフが「これからはテレビの時代である」と総力を挙げて説得した。そして、もうひとり番組の顔となる新人刑事のキャスティングが進められる。

「72年の春、日本テレビの岡田さんから会いたいと言われた。事件が主役ではなく刑事それぞれの個性を前面に出した新しい刑事ドラマの連続ものをやりたい。手垢《てあか》のついていない若手を抜擢しようと文学座や俳優座の卒業生などあちこち当たったが、これはという役者がなかなかいない。思い切って音楽畑の歌手・沢田研二にオファーしたいと。ジュリーを軸にして、新米刑事が犯罪にぶつかって、一人前の刑事に成長していく姿を描きたい。でもジュリーは全国縦断コンサートとか予定がぎっしり詰まっていて忙しかった。だからドラマに専念するなんてありえないので、岡田さんには断念していただきました」（工藤英博）

工藤英博は1937（昭和12）年生まれ。1961（昭和36）年に早稲田大学を卒業し、同年大卒一期生として渡辺プロダクション入社。大学在学中は映画研究会の活動に没頭した。

フジテレビの音楽番組『ザ・ヒットパレード』（59～70年）などの担当を経て、系列の渡辺企画に移り、NETの一話完結の連続ドラマ『まじめに行こうぜ』（67年）を皮切りに、TBSの連続青春ドラマ『S・Hは恋のイニシァル』（69年）など、多くのドラマのプロデュースを手掛けた。

渡辺企画は、当時日比谷の三信ビルに事務所を構えていたが、向かいに洋画専門の日比谷映画劇場があった。1970年代前半、萩原健一は新作のアメリカン・ニューシネマなどを観終《みお》わって、感動や興奮が冷めやらぬままに企画制作部長時代の工藤を訪ねて、しばしば映画談議にふけった。

「彼の映画に対する情熱は並外れていて、深い分析力もありました。その才能をなんとかドラマで開花させたいと思うようになっていきました。公開中の斉藤耕一監督の松竹映画『約束』での存在感ある演技も注目されていましたし、『自分はドラマやりたいんで、工藤さんお願いします』って言われて。そういうことがあったんで、岡田さんに萩原健一を推薦したんです。

岡田さんはザ・テンプターズは聴いたことあるけど、あんまりご存じなかったようですが、(東宝のプロデューサーの)梅浦洋一さんたちと、『約束』を観たんですよ。ショーケンの今までにない新鮮な演技に衝撃を受けたらしいんですね。『彼に賭けてみようか』というようなことも言っていただいたんです」(工藤英博)

まさに大抜擢ではあるが、その交渉がすんなりといったわけではない。

「それをショーケンに伝えたら、『僕に刑事の役が来るとは想定外だった！ それに1年間も拘束されるんですか』と戸惑いながら『3日間考えさせてください』と。私も『ゴールデンの主役に抜擢されたんだから、やったほうがいいよ！』と言いまして。それで3日経《た》ったら、『やらせてもらうけどいろいろ条件があるよ』と。まあ細かいことは詰めていけばいいから、とやることになったんですけど、そこからが大変だったんですよ」(工藤英博)

当初、若手刑事のニックネームは「坊や」とされていた。それに対しての萩原の反応は「僕は坊やじゃない」。衣装合わせにはブティック・ベビードールであつらえた三《み》つ揃《ぞろ》いスーツで現れ、お仕着せの衣装はきっぱり拒否。そして音楽担当はこれまでの音楽活動をともにしてきた、映像音楽未経験の大野克夫、井上堯之を推挙……。一事が万事この調子である。プロデューサーたちはテレビ局との調整に大わらわだった。しかし、萩原の姿はスタッフ、共演者ともに魅了する。無鉄砲なトラブルメーカーだが、どこか邪気のない愛すべき若手刑事マカロニこと早見淳。それをボス以下先輩刑事が見守り、マカロニが成長していくというのが本線だ。

第1話の監督は竹林進。谷口千吉、岡本喜八といった東宝映画の代表的な監督のもとで助監督として修練を積むも、前述のような映画の斜陽に伴い、テレビに活躍の場を移し、岡田の手掛けてきた青春ドラマを早撮りのテクニックで支えてきた監督だ。彼には「人が走る姿こそ本物」との信念があったという。第1話のクライマックスでは白昼の後楽園球場の客席で、萩原が犯人を全力疾走で追跡する。段差もあり、非常に足元が悪い中で萩原は走った。段取りなどなく、犯人役を本気で全力で追跡する。受ける犯人役も本気で逃げ回る。迫真の映像は説得力にあふれていた。「あ、これで『太陽』はいけるな」と岡田は感じ入ったという。ちなみに、ここで犯人役を演じたのが、子役出身でその演技力には定評のあった水谷豊だった。

市川森一との名作群

『太陽にほえろ！』はクレジット上は東宝制作であったが、倒産した新東宝の撮影所を引き継いだ国際放映が実質的な制作業務を請け負った。そうした背景から東宝だけでなく、新東宝出身の監督、さらに石原裕次郎の出自である日活出身の監督も参加し、多彩かつ充実した作品が続いて人気番組と化す。脚本は日活や東宝のアクションもので健筆をふるっていた小川英《えい》が中心となり、彼が若手を指導する形で全脚本に目を通し、監修する形で岡田の意向をドラマに反映させていった。

名作回を挙げれば限りないが、初期、特に萩原の魅力を前面に押し出す脚本を手掛けたのは、誰あろう市川森一であった。

初登板は第20話「そして、愛は終った」。叔母を脅迫している老婆を殺害する美大生。彼がたまたまマカロニの捜査に協力することになり、2人に奇妙な友情が芽生える。しかし、美大生の殺人が露見し、マカロニが彼を追い詰める羽目に。そして人質に手をかけようとする美大生をマカロニはやむを得ず射殺。それは彼にとっての初の射殺だった……。

「ごめんなさい、目を開けてくれよぉ！」と自ら射殺した犯人に取りすがる萩原の演技が圧巻の伝説的なエピソードだ。これに市川は、美大生と老婆に脅迫されていた叔母との禁じられた関係や、美大生が自ら死を望んだのではないかという展開を盛り込み、深い悲しみを描き出す。犯人射殺という衝撃を受け、傷つきながらも一歩進むマカロニ。それに寄り添うボスという理想的な上司像は胸に残るものだ。ちなみに美大生役は萩原のライバルであり、無二の友・沢田研二である。

そして、自身と同世代の犯罪者にシンパシーを向けるというマカロニならではの展開が秀逸なのが第36話「危険な約束」（脚本・市川森一、山田正弘）。強盗犯が籠城するスナックにたまたま立ち寄ったマカロニは、そのいかにも不良青年風のいでたちからチンピラヤクザに間違えられ、強盗犯に信用される。そして、強盗犯から女性を迎えに行くよう、外への使いを頼まれる。だが、その女は最初から犯人と逃げる気はなかった。憐《あわ》れみを感じたのか、マカロニはボスへの報告を躊躇《ちゅうちょ》してしまう。そして籠城先のスナックに戻るが、マカロニの刑事という素性は露見していた……。舞台を限定した密室での心理劇という要素も強く、サスペンスものとしても上出来の逸品だが、刑事の職務以上に同世代の強盗犯へのシンパシーが勝ってしまうマカロニの姿は、まさに青春ドラマとしての刑事ドラマ、さまざまな困難に向かっていく新人刑事の成長ドラマの真骨頂といえるだろう。

こうした名作が続くが、萩原は早い段階から『太陽にほえろ！』の降板を申し出る。刑事として成長するための試練は、全て経験してしまった。もうこれ以上続けることはできないというのが萩原の考えだった。大ヒットしたマカロニのイメージにとらわれることをよしとせず、新しい役柄への欲求もあったことだろう。当然、岡田らは慰留するものの、萩原の考えは変わらない。そして、とうとう放送1年目での降板が決定する。これは、岡田が別番組の主役として新人・松田優作を見出《みいだ》していたことも後を押した。萩原が去っても、そこにまた新人刑事を投入すれば番組に新たな刺激を与えられるのではという解決策を見出したのだ。

この際、萩原が提案したのが「犬死に」であった。アメリカン・ニューシネマの名作群、例えば『真夜中のカーボーイ』（69年）や『スケアクロウ』（73年）に心酔していた萩原にとって、「英雄的な死」というのは考えられないことだった。

死ぬときは、カッコよく死にたくない。人間、いざ死ぬとなったら、カッコなんかつけていられるわけがない。『灰とダイヤモンド』のチブルスキーの死に様もそうだった。おれの答えは決まっていた、犬死にだ。

（前掲『ショーケン』）

萩原の降板にあたり、メインライターの小川英は優れた脚本を提出した。同僚の刑事ゴリさん（竜雷太）が撃たれ、血気盛んに捜査をするマカロニ。無鉄砲なやり方をとがめられつつも犯人の牙城《がじょう》に迫り、捜査一係に貴重な情報をもたらす。だが、罠《わな》にはまり絶体絶命のピンチに。そこへ「命を粗末にするな」とマカロニに言っていたベテラン刑事・山さん（露口茂）が危険を顧みず自動車で急襲し、マカロニは大事件を解決する。しかし、病室のゴリさんを見舞った帰路、立ち小便をしているところを強盗に襲われあっけなく刺殺されてしまう……。

放送直前、映画館新宿文化地下の蠍座《さそりざ》で行われたイベント「早見淳を悼む夕べ」で試写された「13日金曜日マカロニ死す」は場内に悲鳴が起き、若い女性ファンの嗚咽《おえつ》に音声がかき消されるほどの反響だった。

岡田は回想する。

僕が「挫折する話をやろう」って言ってたら、彼は「挫折だけではだめなんだ」と。「挫折を乗り越えるために努力している奴《やつ》を描かなければだめだ。それは成功しなくてもいいんだ、一生懸命やっていりゃいいんだ。負け戦に挑戦する奴。それが今の若者の心情だ」って。（『文藝別冊　萩原健一　傷だらけの天才』河出書房新社、2019年）

過去の音楽活動なども含めた、萩原健一の生々しい心情ではないか。

こうして、マカロニは死んだ。

『太陽にほえろ！』はマカロニの死の翌週から、新人・松田優作が加入。さらに視聴率を伸ばし、あまたのスター俳優や優秀なスタッフを輩出する14年以上続く長寿番組となった。その功績のひとつに刑事ドラマらしからぬロック音楽やファッション、そして「殉職」という萩原の発明があることは紛れもない事実だろう。

番組を卒業と同時期に萩原は、ロマンポルノでの業績に着目して神代辰巳監督を迎えた

『太陽にほえろ！』降板後に萩原健一が情熱を傾けた不朽の名作『傷だらけの天使』。右は名コンビを組んだ水谷豊。

東宝映画『青春の蹉跌《さてつ》』（74年）に主演。映画は映画雑誌『キネマ旬報』の日本映画第4位となり、同誌の主演男優賞を獲得する高い評価を受けた。テレビにおいても時代劇『風の中のあいつ』（73〜74年）で名匠・工藤栄一や田中徳三といった監督と組むなど順風満帆であった。そんな姿を見て、岡田は『太陽にほえろ！』を卒業した俳優に、新たな企画を構想し始めていた。

　純粋なまでにリアリティを追求し、自身の心情を仮託する稀有な俳優。そして、映画からテレビへと新天地を求めてきた映画監督。新進気鋭の才気あふれるシナリオライター……。今まで見たこともない、斬新なテレビ映画を実現させるためのカードは揃いつつあった。

第2章　企画と制作準備――今までなかったテレビドラマを

何をやってもいい企画

1973（昭和48）年の7月、大人気番組『太陽にほえろ！』において、主役のマカロニ刑事は殉職。演じる萩原健一は『太陽』を降板した。

萩原はレギュラー刑事として出演中から、プロデューサーの岡田晋吉に対し、『太陽』の「健全路線」にモノ申し続けていた。萩原の求めるものは、『太陽』にはなかったセックスとバイオレンスだった。

『太陽』は一切セックス抜いちゃったわけですね。セックスシーンもなければ、セックスに絡んだ犯罪も720本あって3本か4本しかない。それがまずショーケンは気に入らなかったんですよね。今の若者の生活の中を見たら、セックスっていうのが大部分だ。だから、それをドラマの中で描かないのはおかしいって言われたんです。僕はセックスっていうのは誰でもできるわけだから、真似《まね》される可能性が非常に強いし、おかしな人がいっぱいいるわけだから、一切ダメっていうことで、ずっと否認してたんですよ。

(『STUDIO VOICE』2000年8月号の岡田晋吉インタビュー)

『太陽にほえろ!』は金曜夜8時というゴールデンタイムの放送。子供も見る可能性のあるこの時間枠でセックスを絡めるような犯罪を描くことを、岡田はタブーとしていた。とはいえ、1年間4クールにわたってマカロニを演じ続けた萩原に「ご褒美」をくれてやりたい気持ちもある。そこで岡田が提案したのが、土曜10時という、1974(昭和49)年当時としては「深夜枠」と言ってもいい遅い時間帯の新企画だった。

昨年の七月、「太陽にほえろ!」(NTV)の刑事役を新人の松田優作にバトンタッチしたショーケン（萩原健一）が、岡田晋吉C・Pに「こんどは、犯罪者側に立ちたい」ともらした。

同局の清水欣也《きんや》プロデューサーが、渡辺企画とコンセンサスを計りながら企画作りにはいった。

時間枠は土曜日の十時台が最有力ということだった。

八時台の「太陽……」では頑ななまでにSEXを封じ込めていた岡田C・Pが、それを解禁した。

（『シナリオ』1974年12月号の市川森一「傷だらけの天使裏話」）

最初、『傷だらけの天使』は、好きなようにやっていい、という前提で始まりました。日本テレビに回されたワクは土曜夜の十時台で、何をやってもいい、視聴率が取れなくても構わない、と言われています。

（前掲『ショーケン』）

岡田は土曜夜10時の新企画立ち上げを、後輩プロデューサーの清水欣也に託した。

清水は1938（昭和13）年生まれ。1961（昭和36）年に愛媛大学を卒業し、同年日本テレビに入社した。青春ドラマ『セブンティーン―17才―』(69年)や、アクションドラマ『ゴールドアイ』(70年)などをプロデュースしたほか、『太陽にほえろ!』にも第1話「マカロニ刑事登場!」から参加している。

「清水欣也さんはすごい方でね、日テレのプロデューサーの中では異端児ですよね。地味だったり平凡だったり当たり前だったりが大嫌いな人で。ある日無名時代の忌野清志郎《いまわのきよしろう》の歌を聴いてしびれたと、素晴らしかったということをね、局内の人たちに言うんですけど、みんな知らないですよね」(工藤英博)

テレビには似つかわしくない独特の感性を持ち、戦前戦中に人気を博したコメディアン・清水金一のニックネームに倣って「シミキン」というあだ名のある清水プロデューサーが新企画として最初に提案したのは、ゴリゴリのアクションドラマだった。

清水Pから出た企画の第一案は「大藪《おおやぶ》春彦」ものだった。

企画意図の大半が大藪前期の短篇《たんぺん》「恥知らずの町」の解説に費されているという型破りの企画書で、血と暴力を、ファンタジーにまで昇華させたいという意図が強調されていた。

「マシンガンをぶっ放すショーケンのイメージを、ハードボイルドを越えた、艶歌アクションとしてとらえようということなのだ」

と、彼（清水）は、小関三平の「文化批判の社会学」まで持ち出して力説した。

（前掲『シナリオ』1974年12月号の市川森一「傷だらけの天使裏話」）

清水は新企画のメインライターに、『太陽にほえろ！』で萩原と息の合ったところを見せた市川森一を抜擢。侃々諤々《かんかんがくがく》の企画会議を重ねた。番組開始までは1年以上の潤沢な時間があった。その間に、萩原主演のホームドラマ『くるくるくるり』（73〜74年）や、倉本聰《そう》脚本による東芝日曜劇場『祇園《ぎおん》花見小路』（73年）が放送され、それらが高視聴率、高評価を得るにつれて、新企画の内容も二転三転する。また、萩原が同じく倉本脚本によるNHK大河ドラマ『勝海舟』（74年）で幕末のテロリスト、岡田以蔵を演じて鮮烈な印象を残したことが、清水と市川のイメージをドラスティックに変化させることになる。

当初、萩原をヤクザ役に設定していたが、この案は消えた。同時に、大藪春彦的なハードボイルド・アクション路線も消滅。さらに73年の暮れに、清水が段取りをして市川がテイタン（旧・帝国秘密探偵社）を取材したことにより、興信所を舞台にしたドラマの構想が固まる。これにより、市川の中でもストーリーが動き出した。

74年3月に完成した最終的な企画書には、次のように作品コンセプトが書かれている。

しらけた現代に反抗し、愛と夢と冒険を求めてがむしゃらに走る青年は、あやしげな探偵事務所の下働きをしている。危険な仕事や人が嫌がる仕事を押し付けられるが、勇敢に事件の渦中に飛び込んで行く。単細胞で善人の主人公は、黒幕の愛人に同情しておかしな仲になったり、倒すべき人を助けてしまったり、気が付いたらだまされていたりして、事件は思わぬ方向へ進んでしまう。どす黒い欲望と暴力、笑いと涙とお色気の破天荒ドラマ（後略）。

（磯野理《おさむ》『東宝見聞録』アスペクト、２０１１年）

この時点で、後に実現する『傷だらけの天使』の概要は網羅されている。しかし、この企画書を清水に読まされた東宝のプロデューサー、磯野理は、「わかったような、わからないような設定」との感想を抱いた。と、いうことは、当時としてもかなり斬新な内容だったということだろう。
企画が固まると今度は予算の問題である。何をやってもいいという実験的な企画が許されたものの、その分だけ予算的には厳しい現実が突きつけられた。

要するに、『傷だらけの天使』はまったく期待されてなかった。だから、予算も少なかった。あの時代、一時間ドラマの制作費は一本に付き千三百万円が相場だった。そういうご時世にあって、『傷だらけの天使』は一千万円にも届いていなかったんだから。
（前掲『ショーケン』）

予算管理を任された磯野理は１９３９（昭和14）年生まれ。日本大学芸術学部を卒業後、東宝に入社。編集部、演出部を経てプロデューサーに転身。系列会社の東宝企画で、子供向け特撮ショートドラマ『クレクレタコラ』（73〜74年）などを手掛けていた。

1本1200万円の製作費の内、220万円は萩原健一のギャラとプロダクションマネージメント料で、私には980万円で完成させる責任がある。1時間テレビドラマの製作費としては最低だ。しかも、東宝本社テレビ部と下請け会社の国際放映の利益分がカットされる。格安の製作費であるのに監督、撮影、照明、録音のメインスタッフ以外は、下請け会社のスタッフを使わなければならないので、手足をもぎ取られた状態のプロデュースであった。押し付けられたスタッフでは、意思の疎通を図り難い状態だ。

（前掲『東宝見聞録』）

この低予算問題は、制作途中に大きな問題を引き起こし、後に『傷だらけの天使』の作風や路線にも多大な影響をもたらすことになる。

企画とシナリオの打ち合わせが白熱

ところで『傷だらけの天使』という印象的なタイトルだが、これはどのようにして命名されたのだろうか。清水、磯野とともにプロデューサーとして名を連ねた、当時渡辺企画所属の工藤英博が語ってくれた。

「何でそういうタイトルになったかというとね、ポール・ニューマンの『傷だらけの栄光』（56年、ロバート・ワイズ監督）からですね。清水さんと話してて『ポール・ニューマンってかっこいいな』って話になって、僕が最初に素晴らしいなと思ったポール・ニューマンの映画が『傷だらけの栄光』だったんです。そこから『傷だらけのやつら』とか『傷だらけの落ちこぼれ』とか作ったんだけど、要はテレビのタイトルですからね、『天使』という言葉で救いを持たせたと。そういうようなことを話したのは覚えてますよ。『だらけ』っていうのもいいなと」（工藤英博）

そして企画を煮詰める作業と、シナリオ作りが始まった。作業の中心を担ったのは、プロデューサーの清水、脚本の市川、そして主演の萩原健一。『太陽にほえろ！』の健全路線に不満を抱いていた萩原は、「『太陽』とは全く違うドラマを作ろう」と、清水と意気投合する。

「市川さんの家やショーケンの家で話し合いました。僕も何回か付き合ったんですけど、疲れるんですよ。もう延々やってるのね、現行番組の批判とか悪口が多いんですよ（笑）。

そういうところから脱却した素晴らしい青春ドラマはできないものかと。僕もうんざりしちゃうところがありましたけどね」（工藤英博）

予算管理やキャスティングなどを担当する磯野理プロデューサーも、破天荒な清水との打ち合わせには苦労させられたようだ。

清水氏は、心情ドラマの難しさを痛感していると言う。〝シミキン〟という親しみのあるあだ名で呼ばれ、飄々《ひょうひょう》として神出鬼没なので、居所をつかめないことが多かった。1話完結の2クールドラマであるから、26話の事件を設定しなければならないのだが、第1話の事件と舞台設定を話し合っているときに、第2話へ飛んだり、第3話へ飛んだりするので、混乱してしまう。シミキンの頭の中はどんどんと先に進んでいるらしい。「あそこワァー」と言われても、何話のあそこなのか判断するのに数分を要した。脚本家は、抽象的に話されるので、よけい混乱すると言っている。

（前掲『東宝見聞録』）

「磯野さんは本当に苦労されたんですよ。現場の管理、予算面の管理、それからスタッフィングですね。本当に磯野さんが貢献していたと思います。僕はどちらかというと遊撃というか、清水さんは局Pですから細かいことには手を染めないですからね」（工藤英博）

萩原演じる主人公には、弟分的な相棒のキャラクターが設定された。2人のコンビは、当時大流行していたアメリカン・ニューシネマの登場人物を参考にしている。

探偵事務所の下っ端調査員コンビ、木暮修《こぐれおさむ》と乾亨《いぬいあきら》は、一九六九年のアメリカン・ニューシネマ『真夜中のカーボーイ』、あの作品のジョン・ヴォイトとダスティン・ホフマンがやったキャラクターあたりからヒントを得ています。（前掲『ショーケン』）

オサムは学歴も教養もない、粗野なチンピラ然とした青年。弟分のアキラも同様の貧しい出自だと思われるが、プータローのオサムとは違って、自動車整備工場でアルバイトをしている。

オサムもアキラもアウトローという設定だが、実はそれよりも深い裏設定があったようだ。

修と亨って本当は在日朝鮮人という設定なんです。市川さんとそう話し合っていた。修は中卒で、亨は中学も卒業してない。だけど、在日という設定は放送段階では通らなかった。

（中略）

あの頃は在日の人への偏見があり、ドラマで触れることはタブーでした。だからこそ、やりたかったんだけど、日テレは「それは、ちょっと……」と繰り返すばかり。この設定が通らなかったとき、一度は市川さんとの間で「やめよう」と話しました。それじゃあ、あのドラマはできないと思うほど、あの設定にはこだわりがありましたから。

（『週刊現代』2012年4月21日号、「週現『熱討スタジアム』」萩原健一の証言）

この「在日設定」に関しては、筆者が調べた限りでは、この萩原のコメント以外に、関係者の証言は見つけることができなかった。

ただ、第1章でも記したように、萩原は少年時代に、在日朝鮮人の友達との交友があった。また市川も、差別問題に切り込んだ脚本を過去に執筆している。そういった流れから、企画段階ではオサムとアキラに、アウトサイダーとしての在日設定を施したというのは、不思議なことではないだろう。後に『傷だらけの天使』漫画版の原作を手掛けることになり、市川とも対面した小説家・西田俊也《としや》は「市川さんのまなざしの中に亨はただの不良でない、戦後がもたらした悲しみが凝縮されているといったことがあった」と指摘した。しかし当然デリケートな問題だけに、萩原の言うように放送された『傷天』で、「在日」や「朝鮮人」といったワードが使用されたことは一切なかった。

アキラ役を探せ

企画や設定が固まってきたところで、主人公・オサムの弟分、アキラのキャスティングに取りかかった。

アキラ役の第一候補に挙がったのは、火野正平。しかし、火野は73年のNHK大河ドラマ『国盗《くにと》り物語』で準主役の羽柴秀吉を演じてブレイクした直後だった。多忙を極め、一週間のうちに『傷天』の撮影に割けるのは1日半か2日程度しかなかった。そしてメイン監督の恩地日出夫が、「アキラのイメージと違う」と判断し、火野の線は消えた。

その後もアキラ役には何人もの候補が挙がり、その中には歌手・俳優として活躍していた湯原昌幸もいた。しかし、湯原はミュージシャンとしては萩原の先輩だったので、弟分としてはイメージが合わなかった。

そんな状況の中、浮上してきたのが、萩原との共演経験があった水谷豊である。

豊ちゃんとは、『太陽にほえろ!』の第一話『マカロニ刑事登場!』で共演している。一緒にやったのはあのときが初めてだった。こっちがマカロニ刑事で、豊ちゃんはマカロニが最初に捕まえる犯人役だ。

誠実だし、ひたむきだし、いつも一生懸命やる子だった。だから、推薦したんだ。

(前掲『ショーケン』)

著書では萩原自ら水谷を推薦したことになっているが、別の証言もある。

その間、水谷豊が坂本マネージャーと私に付かず離れず、付きまとっていた。ユタカは青春物の不良少年役しか演じたことがなく、起用するには相当の覚悟がいる。

（前掲『東宝見聞録』）

「アキラ役が決まらなくて困ったな、となったんだけど、国際放映で別のドラマを撮り終わった豊ちゃんが歩いていくのを見ていた磯野さんが『豊どうかな？』って言い出したんです。僕は彼のマネージャーを知っていたんで、磯野さんが話しちゃうとオフィシャルになっちゃうから、別口からちょっとだけスケジュールを聞いてみようかってなって、聞いてみたら『もうすぐ前のドラマが終わるよ』っていうことで。それでショーケンに報告したら『彼でいい』と。それで磯野さんがオファーしたんです。マネージャーさんは『うちに来ると思っていました』って言っていましたね。豊ちゃん本人も『やりたいと思っていました』って言っていました」（チーフ助監督の安室《やすむろ》修《おさむ》）

「僕は、水谷豊が19歳の頃に友人に紹介されたのです。体も大きくないし美男子でもないんだけど、どこか不思議な魅力があって。面白いんじゃないかと思ってね。それで『傷だらけの天使』のことで相談を受けた時に、ショーケンにくっついて歩く弟分役が決まっていないっていうんで、『水谷豊っていうのがいるから調べて』と推薦したんですよ。そうしたら『彼に決めました』って電話がかかってきて、ああよかったなと。そういうことがあって、ますますちょっと何か書くのも手伝わなきゃいかんとなりました」（脚本の高畠《たかばたけ》久《ひさし》）

続々と決まる豪華なキャスト、スタッフたち

オサムとアキラを取り巻く人物、レギュラー出演者たちも決まっていった。

2人にさまざまな仕事をさせる綾部《あやべ》情報社のミステリアスな女社長・綾部貴子《たかこ》には、ベテラン女優の岸田今日子。その片腕でありナンバー2である狡猾《こうかつ》な男・辰巳《たつみ》五郎役は性格俳優の岸田森。この2人、実生活ではいとこ同士という間柄である。

また、「テレビだけど映画のクオリティでやりたい」という萩原の意向を受けて、当時の日本映画界でトップを走っていた名だたる大物監督たちが演出陣に名を連ねた。

監督は、東宝の青春映画を監督していた恩地日出夫さんをはじめ、神代辰巳さん、工藤栄一さん、東映の『仁義なき戦い』シリーズの最初の作品が終わったばかりだった深作欣二さんなどにお願いしました。人任せにせず、ぼくが自分で頼みに行った。(前掲『ショーケン』)

と、萩原は証言しているが、実際は少し違っていたようだ。

「ショーケンが監督たちに直々にオファーしたって彼の自伝には書いてありますけど、彼の意向は聞いたけど実際に動いたのは僕らプロデューサーですよ。みんな『ショーケンが』『ショーケンが』って言うけど、それほどじゃないんですよ(笑)。普段からコミュニケーションは十分取っていたので、好みの監督なんかは僕らは把握していましたからね」(工藤英博)

音楽面でも萩原の意向が反映された。『太陽にほえろ!』に引き続き、作曲は大野克夫、演奏は井上堯之バンドが担当する。

衣装デザインを担当したのは、萩原の飲み友達だった菊池武夫。当時は人気ブランド、メンズ・ビギを手掛けていたが、『傷天』でビギブランドが採用されたことで、さらに爆発的な人気を得ることになる。

さらに、現場スタッフの人選に入る。重要なポジションであるメインカメラマンの選定において、深作組でひと悶着《もんちゃく》があった。

シナリオはOKになったものの、カメラマンの人選で揉《も》めた。深作監督は東映のカメラマンに固執し、私は東宝の木村大作カメラマンを推薦した。数日間、平行線をたどったけれども、深作監督が譲歩してくれた。

（前掲『東宝見聞録』）

この時の磯野の粘りによって、『傷天』をきっかけにして、後の邦画界で数々の名作を生み出す深作＝木村コンビが誕生したのだから、人の縁というのはわからないものである。一方、メインライターの市川森一も、今まで一緒に仕事をしたことのないような巨匠監督たちが登板することに、驚きとともに喜びを覚えていた。

監督交渉が始まった。
深作欣二、神代辰巳、恩地日出夫、工藤栄一……。
エライことになった、と思った。
（前掲『シナリオ』1974年12月号の市川森一「傷だらけの天使裏話」）

「深作監督と浅草へシナリオハンティングに行って面白かったとか、工藤監督はいつも下駄履きだと、珍しく楽しそうに話していました。一流の監督さんとご一緒できるのが嬉《うれ》しかったのではないでしょうか」（市川森一夫人の柴田《しばた》美保子）

伝説のロケ地が決定

『傷だらけの天使』のメインとなるロケ場所――オサムとアキラのアジトを探さなくてはならなくなった。本来なら撮影所である国際放映のスタジオにセットを組みたいところだが、予算的に厳しい。そこで、ロケセットを探すことになった（実際に使用されている建物をロケで使う場合は「ロケセット」と呼ぶ）。

メイン監督の恩地日出夫は、窓外に国鉄（現・JR）の線路を見下ろすロケーションをイメージした。生きている東京を映すことで時代を映す、時代の空気を捉える画《え》が欲しいという狙いがあった。

恩地の希望イメージに沿って、代々木のペントハウスを探し当てたのは、恩地組チーフ助監督の安室修だった。

「代々木のエンジェルビルは、制作主任の川島富雄君と一生懸命探しました。恩地さんからのリクエストで、『リアリティが欲しいから、なるべくペントハウスにしてくれ』と。それで恩地さんと連絡を取りながら山手線の周りで探したんだけどないんだよね。それで気持ちとしては最後のつもりで、代々木の駅のそばまで行って、疲れ果てて、あるビルの6階に、記録映画の時代にお世話になったプロダクションがあったんですよ。そこで川島君と一緒にお茶を御馳走《ごちそう》になってひと休みしていたの。6月の終わり頃、7月に近かったかな。暑い時期ですよ。そうしたら山手線が見えてビルがあって、屋上がビアガーデンの跡だったんですよ。で、屋上にフェンスがあって、まだ提灯《ちょうちん》なんかが残ってるわけですよ。その横にモーター室みたいな結構広い部屋があって、見えるんですよ。『あれ使えないかな』って2人で上がっていって、それで入ったらその建物がきったなくてね。なぜかっていうとビアガーデン跡でフィリピンのバンドが入っていたんです。それでビアガーデンをやめて帰っちゃったから、ゴミなんかがいっぱい詰まっていたの。それを掃除して、美術さんや大道具さんが飾ってくれたんです」（安室修）

安室と川島が見つけたビルは、その名を「代々木会館」という。東京都道414号四谷角筈《つのはず》線と国鉄代々木駅に挟まれた区画にある、台形状の敷地に建てられた建物だ。戦後の代々木駅界隈《かいわい》は焼け野原に闇市が立ち並んでいたが、1964（昭和39）年の東京オリンピック開催に伴い、都道414号線の道路拡張が行われることになった。そこで闇市の名残である駅前マーケットにあった、飲食店などのバラック店舗の移転先として代々木会館が建設されたのだ。

これが後に「エンジェルビル」と呼称されるようになる、代々木のペントハウスが見つかった瞬間だった。エレベーターのないビルに機材や美術を運び込むのはひと苦労だったようだが、まさに恩地監督の狙い通りのロケーションを獲得した。

なお、このビルを見つけたのは自分だと証言している人物がもうひとりいるので紹介しよう。

「代々木の屋上は僕が見つけたんです。あの界隈は僕好きで。あの階段が怖くてね。最初に僕が見つけて『こういう場所がないかな』って監督が言うんで、いやほんとは言いたくなくて、僕が監督になった時にこの場所を使おうと思っていたんだけど。どうしようかなと思ったんだけど、みんな僕をくすぐるくらいによい監督さんばっかりだったんですよ、神代さんとか工藤さんとかね」（神代組、工藤組のチーフ助監督・後藤秀司）

もう約50年も前のことだけに、当時の関係者の記憶もいろいろと錯綜《さくそう》しているのかもしれない。

そしてもうひとつの重要なロケ場所となる綾部情報社は、撮影スタジオである国際放映にパーマネント（常駐）でセットが建設された。

「探偵事務所の取材で、清水さん市川さんと、帝国探偵社（テイタン）なんて見に行ったんですよ。そうしたらすごく大きくて素晴らしい会社で。もっと小さくてインチキ臭いところがいいなあと。そうしたら渋谷の仁丹ビルの近くに『佐藤みどり探偵局』っていうのがあって、そこが雑居ビルの2階だったんです。僕が見つけて、『こんなたたずまいのところがいいんじゃないか』って言ったんですよ。佐藤みどりさんっていうのは女性の探偵では草分け的な存在だったんです」（工藤英博）

いよいよ番組宣伝が始まる

亨のカッコは最初から決まっていた。ポマードをベッタリつけたリーゼントに革ジャンというあのスタイル。あのファッションは、ぼくのアイデアです。

当時、ぼくがロンドンに遊びに行ったら、テディ・ボーイと呼ばれる不良たちがいた。ブルーのスーツに黒いヘチマカラー、首には紐《ひも》のように細いナロータイ。いつも玉突きのキューを持ち歩いて、リーゼントの頭をグリースでバッチリ固めている。

（前掲『ショーケン』）

「水谷豊ちゃんはこの前にやってたドラマで普通の髪型だったんだけど、ショーケンが

『豊ちゃん、リーゼントにしろよ』って言ってそうしてましたね」（安室修）

アキラのファッションやヘアスタイルに関しては、発案者の萩原が、水谷を洋品店や美容院に連れて行っていろいろとアドバイスをしたらしい。また、当時の雑誌の記事で、水谷はアキラのリーゼントを作るのに、1話撮影するたびにポマードをひと瓶使うと告白している（『週刊平凡』1975年1月30日号、木元教子との対談）。

いよいよ初回オンエアの10月が近づいてくると、番組の宣伝活動も活発になる。『傷だらけの天使』の宣伝スチールは、萩原健一とは友人関係だった写真家の加納典明が担当した。サウンドトラックのジャケット写真としても使用された、白いスーツを着て顔面蒼白《そうはく》の萩原が、薔薇《ばら》の花束を胸に抱いているショットなど、印象的なポートレートが撮られた。

「それがね、どこだったかな、ショーケンとは飲み屋なんかでチラッチラッと会ってはいたから。まだ俺も当時は有名だったというか、結構やってたからね。写真とかテレビも十何年やってたから奴も知ってはいたんだろうけど、『傷だらけの天使』はきっかけを覚えてないいんだよ。もちろんお互い気になる相手同士だったというのはどっかであるよね。うん」（加納典明）

新聞、雑誌などでの紹介記事も出るようになった。ただやはりというか、マスコミや世間の興味は、番組の「セックス」の部分にあったようだ。少し長くなるが引用する。

まだ脱いだことのない女優を一人一人ゲストの主演者に招き、次から次へと脱がせようという興味あるドラマが、今秋十月から始まる。放送する局は、〝この道〟のパイオニア日本テレビ。今最高人気のショーケンこと萩原健一がレギュラーで主役をやる「傷だらけの天使」だ。

脱ぐ第一号は、先ごろ長沢純と離婚し、ゴシップ何のそのと、タレント稼業再出発を期している川口晶《あきら》だ。晶の役は自動車ドロの親分のめかけで、ショーケンふんする探偵社の雇われ調査員の風来坊と仲良くなり、カーセックスの盛大な演技を見せる。

続いて、脱ぐのが決まっているのは中山麻理で、これはショーケンを慕うストリッパー。お次は、劇団「雲」の真屋順子で、上役の課長を自宅に引き込む団地妻の未亡人。あとは未定だが、「いま、鋭意新鮮で粒よりの女性タレントを物色交渉中」とか。「断っておきますがね。ただ興味本位で脱がせるととられちゃ迷惑です。ウチとしては、ゲスト主演の女優さんすべてにイメージと反対の役をやってもらうのが第一のねらい。だから、結果的に脱ぎそうもない人に脱いでもらうことになっちゃうんですよ。今あべ静江みたいな清純派もねらってます。ポルノ女優のスタークラスにも出てもらいますが、こちらは逆に全然脱がずにやってもらいます」とプロデューサー。ショーケンが都家《みやこや》かつ江に強姦《ごうかん》されるシーンもあるそうだ。期待しよう。

（『週刊読売』1974年8月10日号の芸能記事）

ずいぶんと下世話な紹介のされ方だが、セックスを前面に押し出そうとする萩原健一の意図とずれているとは限らない。たんなるエロドラマではないと釘《くぎ》を刺しているプロデューサーはおそらく局Pの清水欣也だと思われるが、番組側としてもエロを売りにして視聴者に広く認知させようという意図が透けて見える。

次章では、『傷だらけの天使』撮影のドキュメントと、番組の人気や企画の推移について詳述する。

第3章　嵐のシリーズ前半——鬼才監督たちの競演

伝説のオープニング・タイトルバック

ペントハウスの窓から朝陽《あさひ》が差し込み、電車の音が聞こえてくる。水中メガネをかけ、ヘッドフォンをして眠っていた木暮修が目を覚ます。オサムはむっくりと寝床から起き上がり、朝食になりそうな食材を探して、冷蔵庫を漁《あさ》る。そして取り出したトマトやクラッカーやコンビーフなどをテーブルに並べ、豪快にかぶりついていく。新聞紙を前掛け代わりにして、魚肉ソーセージを吸うように食べ、牛乳瓶の蓋を口で開けてひと口飲む、またコンビーフにかぶりつく、そしてまた牛乳を飲む——。

放送当時から今に至るまで、数多くの若者たちが〝モノマネ〟をしてきた、この伝説のオープニング・タイトルバックから、『傷だらけの天使』の撮影は開始された。

時は1974（昭和49）年7月初旬。深作欣二組（第3話「ヌードダンサーに愛の炎を」）と恩地日出夫組（第7話「自動車泥棒にラブソングを」）がほぼ同時にクランク・イン。オープニング映像は、恩地組の本編に先立って代々木のペントハウスで撮影が行われた。

「タイトルバックというのは、その後のいろいろな監督のいろいろなストーリーを邪魔しないようにしないといけない。だからショーケンが朝起きて冷蔵庫から食べ物を出して食べる、そういう日常的なことをやっておけば、本編がどんなストーリーで、どんな監督が演出をしても、タイトルバックと齟齬《そご》は起こさないだろうということですね。これに関しては、ショーケンと恩地さんが事前にかなり話をしていました」（工藤英博）

撮影を担当したのは、黒澤明組の撮影助手を長らく務め、前年に『野獣狩り』（須川栄三監督）で撮影技師としてデビューしていた木村大作。テレビ映画はこれが初登板である。

「オープニングのいろんな物を食っているのはあれだけ何回も使うんで、35ミリカメラで、三脚を使って撮りました。何やるかわかんないんでね。あれは演出というよりも、ショー

ケンが〝こうやりたい〟っていうのを回しただけだから。あれは恩地さんではなくショーケンのアイデアですよ」（木村大作）

本編は従来のテレビ映画のフォーマットと同じく16ミリフィルムで撮影されたが、オープニングのみ35ミリが使用された。木村は三脚を使ったと証言しているが、大きな35ミリカメラを担いでの手持ち撮影も同時に行われたようだ。その理由については、萩原が自著で語っている。

あのときはねえ、カメラを固定する時間がなかったの。何をやるか決めてないから、「ここで朝メシを食う！」
おれがそう言って、パンだの牛乳だのトマトだのコンビーフだの、すぐに買える食い物を買い集めてもらった。
「とにかく食う。食ってる、食ってる、ずっと食ってるというのをやろう」

（前掲『ショーケン』）

萩原によれば、この食事シーンが続くタイトルバックのイメージは、1973（昭和48）年のイタリア映画『最後の晩餐《ばんさん》』（マルコ・フェレーリ監督）からインスパイアされたものだという。また、新聞紙を前掛けにするのは配管工が工事現場で食事をする時にしていた仕草を真似たとも。常に研究熱心な彼らしい逸話だ。

「オープニングをワンカットで撮るというのは恩地さんのアイデアですね。なぜそう決めたかというと、『木村大作は手持ちカメラが一番上手《うま》い』と言うんですよ。だから彼だったら、ショーケンの表情や動きをちゃんと追いかけることができるとね」（工藤英博）

現場では木村が奮闘しワンカットで撮影が行われたが、実際のオンエアでは、その途中で数回、萩原の写ったモノクロのスチール写真が挟み込まれる構成となった。このスチールを撮影したのは、写真家の加納典明。

「恩地さんは用意周到な人なので、もしワンカットで行けなかった場合に備えて、和田誠さんのイラストを挿入する用意をしていたんです。それが加納典明さんが撮った写真に変わったのは、局側のアレンジですね」（工藤英博）

加納典明は『青春の蹉跌』（74年）の時に週刊誌の仕事で萩原や桃井かおりのスチール

に模した写真を撮ったことがあり、それ以来萩原とは友人関係になった。今回の『傷天』のスチール撮影も、萩原から依頼されたもので、ちょくちょく現場に撮りに行っていたという（前掲『STUDIO VOICE』２０００年8月号、加納典明インタビュー）。

タイトルバックのラストには、オサムがカメラに向けて牛乳をぶっかけるというサプライズがあった。だがこれは、現在残っている映像ではカットされている。

最後にはその牛乳をビシャッ！　とカメラにぶちまけて、真っ白になった画面に真っ赤な字で、

『傷だらけの天使』

とタイトルが出る。ところが、スポンサーに牛乳の会社があったのさ。だから最後だけ切っちゃってね、ぶちまける寸前でストップモーション、というあの形になったわけ。

（前掲『ショーケン』）

「最後に牛乳をぶっかけるのはショーケンのアドリブです。後で映像をスポンサーに見せ

たんですけど評判が悪くてカットになりました」（工藤英博）

ちなみに、牛乳会社がスポンサーというのは、萩原の記憶違いだが、やはり良識を求めるテレビの世界で敬遠されたのは間違いない。なお、本放送当時、牛乳をかける場面は存在していたと当時からのファンは振り返る。いつしか、その場面はストップモーションに差し替えられたのだと。後年、過去の作品を取り上げる回顧番組でその場面が放送された。熱狂的なファンは宝物のようにそのＶＴＲを保存している。

ショーケンを支えた名優たち

『傷だらけ』ではあまりにも人間を見てしまったんで、ちょっとグレてやったわけ。言うこと聞かないで、都合のいいようにいかないようにしてやったわけ。やってる時はみんな逃げたな、無責任に。だから面白くなったのかな…。

（前掲『STUDIO VOICE』２０００年8月号、うじきつよしとの対談での萩原の発言）

萩原によれば、『傷天』の現場には本来なら管理をすべきプロデューサー的立場の人間が誰もおらず、演者も監督も野放図にやりたい放題をやっていたという。後述する萩原による台本の書き換えや、連発されるアドリブなども、それが要因となっていたのであろう。しかし、共演者たちもそのあたりは理解があって、萩原のやりたいようにやらせていたようだ。

「ショーケンは随分リハーサルが多いのね。それで、あなた、リハーサルやるたんびに、芝居が違うのね」

ホンができてこないからそうなっちゃうんだけど、今日子さんはおれみたいにピリピリしてはいませんでした。いつもあのペースで、ゆったりしていて、姉さんのような眼差《まなざ》しで見つめられていた記憶があります。（前掲『ショーケン』）

「岸田今日子さんにしても岸田森さんにしても西村晃《こう》さんにしても、ショーケンがやるならやらせとけよ、って感じでしたから。そういう意味ではショーケンはいろいろ遊べたん

じゃないですかね。全部受けてくれるから」（サード助監督だった原隆仁《たかひと》）

水谷豊以外のレギュラー出演者は、綾部貴子役の岸田今日子と、辰巳五郎役の岸田森。

岸田森（辰巳五郎役）と岸田今日子（綾部貴子役）。
©TOHO CO., LTD.　協力：ユニフォトプレス

このベテラン俳優2人が、若手の萩原と水谷をサポートするかのように、落ち着いた大人の芝居を見せる。特に岸田今日子のこの作品に対する思い入れは深いものがあったようだ。

「岸田今日子さんはお子さんが生まれる頃にテレビでザ・テンプターズを見ていて、ショーケンのファンになったたって言ってました。出演交渉の際に『ストーリーの展開で（ショーケンと）恋愛関係になるかもしれない』と清水さんに言われて喜んでましたけどね（笑）。後年も岸田さんは『傷天』を好きな作品に挙げてくれていたんです」（工藤英博）

岸田今日子は撮影に入る前に、綾部貴子の設定や役作りに関してもいろいろとアイデアを出したそうだ。

「綾部貴子っていうのは海千山千の、政財界の裏も知っている、いろんな修羅場を渡って来た女性という設定だと。それを象徴するために、『私、足を悪くしているということで、引きずって歩きたい』って言うんですよ。杖《つえ》をついてね。衣装も黒装束にしたいとおっしゃって。小物やなんかも全部自前で持って来ていただきました。あと、綾部事務所でいつも流れている、あの不気味で荘重な曲ね。あれはドイツの『マズルカ』という曲で、岸田さんが出られた寺山修司作のＴＢＳのラジオドラマで使われていたそうなんです。その音楽が忘れられないんで是非使ってほしいと言われまして。でもすでにレコードが絶版になっていたので、探すのが本当に大変でしたね」（工藤英博）

当初は蜘蛛《くも》をペットにし、餌に蠅《はえ》をピンセットでつまむというアイデアも岸田今日子から出たが、それはさすがに採用されなかったそうだ。

一方、辰巳役の岸田森も超個性派の性格俳優であり、演技の虫として知られる人物。その個性は『傷天』の現場でもいかんなく発揮された。

「岸田森さんは芝居に対してすごく真摯でしたね。すごく前向きというかな。ショーケンがこういう芝居をすると、どうしたら自分が受けの芝居をできるかとか、そういうことを考えたんじゃないかな」（原隆仁）

森さんは真面目な人だから、アドリブは一切ないですよ。でも、意外かもしれないですが、お酒がすごく好きな人だった。撮影中も飲んでいました。背広の内ポケットに銀製のウィスキー容器をしのばせて。「大丈夫ですか、そんなに飲んで」と尋ねると、「ちびちび、口の中に含んでいる感じが好きなんでね」と言っていました。

（前掲『週刊現代』２０１２年4月21日号、「週現『熱討スタジアム』」萩原健一の証言）

また岸田は、萩原や水谷と一緒に、撮影終了後に酒場に繰り出し、翌日の演技プランなどについて話し合っていたという。それらの芝居と酒の話題については改めて後述する。

仁義なき深作組

前述したように、『傷だらけの天使』本編の撮影は、1974（昭和49）年7月初旬に深作組、恩地組がほぼ同時にクランク・インした。とりわけ話題をさらったのは、『仁義なき戦い』シリーズで日本映画界を席巻していた深作欣二監督の現場だった。主演の萩原から熱烈なラブコールを受けた深作は、『傷天』の作品コンセプトに興味を持ち、『仁義なき闘い・完結編』と『新 仁義なき戦い』（いずれも74年）の撮影の合間を縫っての登板となった。

「すごくハードな現場でした。準備の段階から大変でしたから。深作組は都内ロケだったので、監督と一緒に新宿あたりをロケハンしたんです。麻雀屋《マージヤンや》を探していて、制作主任の川島君が店に入って行ったら真っ青な顔して出てきて『〝ほんまもん〟がいます』って（笑）。それで深作さんが直々に行ったら、『あんた『仁義なき戦い』の監督さん!?』って言われて、『あんたなら貸すよ』と（笑）」（深作組チーフ助監督の安室修）

「ストリップ劇場のロック座での撮影は僕も朝から晩まで付き合っていました。浅草なの

でいろいろやばいことがありますからね。夜の営業時間外に借りたので、明け方の3時、4時までやってましたよ」（工藤英博）

撮影担当は東宝所属の木村大作で、深作欣二とはこれが初タッグとなる。ただ、磯野理プロデューサーからこの仕事をオファーされた当初、木村はあまり乗り気ではなかったという。

「テレビはやりたくねえなあって思ったんだけど、監督は1話、2話が恩地日出夫、3話、4話が深作欣二だと。それに釣られたんだよね」（木村大作）

徹夜も多く、とにかく体力と気力が削られるハードな現場として知られる深作組だが、木村は持ち前の負けん気の強さで体当たりの撮影を挑み続ける。

「木村大作さんはハートがありましたね。車を追っかけるシーンなんか本当は安全ベルトして、手持ちでやんないといけないんだけど、大作さん『いいよ、いいよ！』って横に立って『回して、回して！』ってすごい気合いが入っていた。まあスタンドプレーと言ったらそうなんだけど（笑）」（安室修）

「現場で覚えてるのはカメラマンの木村大作さん。手持ちでガンガン回していって、勢い

がすごかったですね」(原隆仁)
木村は主演の萩原とも初顔合わせとなったが、この時の萩原は前述の通り、他人の言う通りにせず、やりたい放題にやってやろうというマインドだった。そのために当然、我の強い木村とは最初から火花を散らす展開となった。
「あの時は萩原健一が売れてて一番生意気な時だった。撮影はオール手持ちだから、ショーケンは『いつ本番行ってもいいよ』と。それであいつも、一発OKの俳優で何度もやるのを極端に嫌ってたからね。何やるかわからない、本番一発OKで、中身は任せてくれと。だから監督の演出なんてのは、あってなきがごとしだったな。それでテストを1、2回やるんだよ。動きは手持ちなんで自由だからね、そうしたらあいつ、本番で2回やったテストと違う方向に行きやがった。『もう1回やらせてくれ!』って言ったらショーケンがニヤって笑ったんだよ。俺を試したんだろうね。俺のことバカにしてんだろうって思った。でもその時は我慢したんだよ」(木村大作)
もちろんここで終わらせないのが、木村大作の木村大作たるゆえんである。
「それで何カットか後に、俺がショーケンを追っかけて走って、タクシーに乗るというシーンでね、後ろを手持ちで走っていくわけだよ。テストは1回やって、次は本番となった。それで俺は〝この野郎〟って思ってるから、結構一生懸命走って、ショーケンを途中で追い抜いて受けた（前に回り込んだ）んだよ。そうしたらショーケンの奴、ビックリしてた。俺は『お前これ以上スピード出せねえのか？』って言ってやったね。それからあいつの態度がガラッと変わったんだ」（木村大作）

そんな木村だけに、巨匠である深作欣二とも真っ向勝負で激突した。

「第3話の浅草での夜間ロケで、深作さんと木村大作さんが大もめにもめたんですよ。映像とかカメラの構図に関して。それを木村大作さんは果敢に譲らなかったんですよ。それで深作さんが折れて、木村大作さんにいったん譲ったんです」（工藤英博）

数日後、「イソちゃん握手！」と深作監督が上機嫌で握手を求めて来た。「今ラッシュを見たんだが、木村君は素晴らしい！」と言う。以後、2人は名コンビとなり名作映画を生んだ。

（前掲『東宝見聞録』）

後年の『復活の日』（80年）や『火宅の人』（86年）といったコンビ作の原点が『傷天』の現場にあったのだ。

また深作は、同じ第3話でのクライマックスの乱闘シーンで、カメラレンズの前に置いたガラス板に油を塗って紗《しゃ》がかかったような映像にするという、木村が編み出した手法も賞賛している。

撮ってる時に、このまま終わるのは何かイヤだなぁという気がして。（中略）で、大作と『傷だらけの天使』の時も室田日出男のヤクザの喧嘩の生臭い部分と主人公のショーケンのラブロマンスとの両方を彩りながら繋《つな》げる方法として、ショーケンがいちばん敬愛していたヤクザが死ぬところにあの画調をもってきたわけだね。（中略）レンズの前にガラス板を置いて、それを塗りたくったんだけど、それが実にハマってたわけだよね。（中略）どのくだりからか居眠りに落ちたとも気付かずに夢に入って、いつともわからず目が覚めるという話が欲しいということだったので、ヤクザの抗争の中に転がり込んじゃうことである種の高揚感、プラス室田日出男への主人公の思い入れみたいなもの、それから室田の女だったストリッパーへの思い入れみたいなもの、そういういろんな要素を彩る形としてああいう方法を考えたということ。

（前掲『STUDIO VOICE』２０００年8月号の深作欣二インタビュー）

また深作自身も、撮影現場で縦横無尽の活躍を見せた。代名詞であるエネルギッシュな演出ぶりで、ストリッパー役で初のヌードを披露する中山麻理の尻を叩きまくる。

深作欣二監督らに口説かれはじめはちゅうちょしていた中山だったが、「ストリッパーぐらい演じられなくて、それでも女優か」の一言がきいて決意。いったん決めたら思いっきりがいい。「どうせやるなら、どこまでやるさ」と浅草ロック座で、舞台がはねてから特訓。見事な大型ストリッパーが出来上がった。

（『週刊読売』１９７４年10月5日号の芸能記事）

そして深作が特にハッスルしたのが、やはり殺陣《たて》のシーンだった。萩原が述懐する。

そこで踊る監督っていうのが深作さんで「こうやってやんだよ！」って全部一人で踊ってたもん。

（前掲『STUDIO VOICE』２０００年8月号、うじきつよしとの対談での萩原の発言）

そして萩原のほうはといえば、念願だった深作組初参加に嬉しさを隠さず、カリスマ監督である深作の指導を心酔しながら受けていたようだ。

ショーケンは、深作監督のちょっとした指示を受ける間、まるでウットリと監督を見つめていたものだ。口を半開きにして、いまにも「ワン」とじゃれつきそうに……。ちょうど小犬が主人の命令を待っているみたいといっても、別に失礼には当たらないだろう。

（『週刊朝日』１９７４年7月26日号、「不良少年のナイーブさがたまらないの」）

一方の深作も、萩原の〝不良性感度〟のよさを気に入っていた。

取材中、第三話を精力的に撮りまくる深作監督も「面白いね。何が飛び出すかわからない奴。このまま型にはまらないで野放図でメチャクチャやってる方がのびるよ」と眼《め》を細める。

（『ヤング』1974年8月号、「クローズアップ　萩原健一」）

しかし、この第3話にゲスト出演した東映ピラニア軍団のリーダー・室田日出男に対する深作の対応は、身内だけに辛辣であった。

室田さんは、深作さんに認められて世に出た俳優だ。おれに室田さんを紹介したときのサクさん、深作さんのセリフがいい。

「こいつはよお、高倉健や菅原文太になり損ねた男なんだ。要領が悪いからさ」

その要領が悪いせいなのか、サクさんは室田さんに何度もNGを出す。おれや豊ちゃんの芝居には、いつも大笑いして「ＯＫ！」とやるのに。

（厳しいなあ。あれが、サクさんなりの〝愛のムチ〟なのかねえ……）

ところが、何度もそんなことが続くうち、室田さんがおれにヤキモチ焼いちゃってさ。

「冗談じゃねえよ。深作さんてなあ、おれの師匠なのによお、おまえらばっかり好き勝手にやって、おれにはいちいち手取り足取り芝居つけやがって。頭にきたぜ」

おれ、ポカーンとしてたら、室田さん、目ぇ剝《む》いて、

「おまえ、何様のつもりだ！」

（そんなことでおれに当たられたってよお……）

（前掲『ショーケン』）


この第3話が萩原と室田の出会いになったのだが、萩原は、自分と同じように不器用な生き方しかできない室田に共感を覚えたのかもしれない。2人はその後、『前略おふくろ様』（75～77年）や『祭ばやしが聞こえる』（77～78年）などでの共演で濃い関係を築くことになる。

また第3話と並行して撮影された第1話「宝石泥棒に子守唄を」の現場では、珍しい人

物が陣中見舞いに訪れていた。
「真屋順子さんが住む団地は玉川団地をロケセットで借りました。そこで撮っていたら、その日の夕方に松田優作がショーケンに会いに来たのね。『太陽にほえろ！』のジーパン刑事の殉職シーンを撮り終えた優作が『無事死にました』って報告して（笑）、『それはおめでとう』となって、早めに撮影を切り上げて深作さんとショーケンと優作と僕で飲みに行きました」（安室修）
そんな心が和むような場面もあったが、とにかく派手なアクションや大がかりな仕掛けが多い深作組だけに、スタッフは気を抜くことができない。それに加えての毎日の徹夜作業で、恩地組の現場も掛け持ちしていたチーフ助監督の安室の体がついに悲鳴を上げた。
「毎日の徹夜で、元々あった持病の十二指腸潰瘍が悪化してしまって。8月の中頃に倒れて入院しました」（安室修）
以降安室は『傷天』の制作現場からは離脱するが、その後渡辺企画から見舞い代わりに30分ドラマの仕事をオファーされて経済的に助かったという。
一方、撮影の木村大作も、深作組と恩地組の2話ずつをこなした後、『傷天』の現場から降板してしまう。

「テレビを長くやっちゃいけない、毒されるぞと、そういう意識だったから、やめようと思ったわけ。その次ね、ほんとは神代さんだったんですよ。ほんとはそこまでやっときゃよかったと後悔したけど、『やめる！』って言っちゃったもんだから。

そうしたらショーケンが俺のところに来て、1クール26話全部やってくれと。だから『悪いけど俺テレビ嫌なんだよ。お前だって嫌なんだろ？』って言いました。『映画の仕事何かあるの？』って聞かれたけど『何もないよ。テレビはこれ以上やりたくないんだ』って言って、それで4話でやめたの」（木村大作）

神代辰巳や工藤栄一の現場で、木村大作がどんな化学反応を起こしたのか……、今となってはそれを夢想するしかない。

恩地日出夫の職人仕事

「僕が最初に参加したのは恩地組ですね。緑魔子さんが出た第2話『悪女にトラック一杯の幸せを』でサード助監督をやりました」（原隆仁）

原は大学を卒業してすぐに、フジテレビの『大盗賊』（74年、丹波哲郎主演）や、『太陽にほえろ！』のジーパン刑事編など、国際放映のスタジオを拠点としたテレビドラマの応援助監督を経験。『傷天』の仕事も、国際放映とのつながりからオファーが来たという流れだ。

「『傷天』はすごい現場でしたよ。学校出立てのわけのわかんない新米助監督には感動ものでしたね。すごい巨匠ばかり来るんだから。それで主役がショーケンだしね。当時ショーケンは僕らの憧れでしたからね」（原隆仁）

バイオレンスの深作欣二、ロマンポルノの神代辰巳、リアリズム時代劇の工藤栄一と、一癖も二癖もある監督ラインナップの中に『あこがれ』（66年）、『伊豆の踊子』（67年）、『めぐりあい』（68年）といった東宝青春映画で知られる恩地日出夫の名前が入ったのは、『傷天』が東宝制作であるのと同時に、もうひとつの理由があった。

四人で組むローテーションは思いのほかスムーズに実現したが、内藤洋子や酒井和歌子らの魅力を引き出し、東宝の青春映画に新境地を開き評価の高かった恩地さんをその中に入れたのは、「暴れ馬」のような三人に対してある種の「重し」というか、確実に結果を出してくれることを期待していたからだった。
（『映画芸術』No.479、2022年春号、工藤英博「ペントハウスで過ごした熱い日々」）

とはいえ、そもそも萩原健一の標榜する過激な世界観を実現するための企画である『傷天』の現場のことだ。制作陣が「重し」役を期待した恩地も、第2話では同時進行だった深作組を意識するかのように、過激な描写の撮影が目立った。
「ゲスト女優の緑魔子さんが裸になるシーンがあって。それで僕がカチンコ打ってさ、隠れるじゃない。そうすると目の前を素っ裸で通るわけよ（笑）。前バリもつけずに。なんちゅう現場なんだと（笑）」（原隆仁）
スタッフルームや撮影現場での恩地は柔和な人柄でありながら、萩原には毅然《きぜん》とした態度で接していたという。その一方で萩原が次々と思いつくアイデアについては、半分以上は採用するという柔軟な姿勢を見せていた。
「やっぱり連続ドラマの基本は最初の1本を撮った人です。それでやっぱり恩地さんの力量がすげえんだと。あのペントハウスを代々木のビルのあの建物に決めてくれたのが、

『傷天』の成功の原動力なんじゃないかな。もちろん深作さんの作品も素晴らしいですけどね。豊をリーゼントにしようとかスカジャン着せようとかいうショーケンのアイデアも恩地さんがOKを出したし。監督らしい懐の深さがありましたよね」（安室修）

「清水欣也さんは、『ショーケンとつかず離れずいい具合にやってくれたのは恩地さんだから、一番この作品にふさわしかったんじゃないか』と言ってましたね。工藤栄一さんはショーケンと合いすぎて、どこ行くかわかんなくなっちゃうんですよ。刺激的な方向にどんどんエスカレートしていっちゃう。恩地さんはショーケンから10来たら、5か6くらいは採用して、あとは採用しないと、そういうふうにショーケンをコントロールするというか、それでコミュニケーションを取ってましたからね」（工藤英博）

恩地は『傷天』のほか、日本テレビの『火曜日の女』シリーズ（69～73年）や、TBSの大映ドラマ『赤い迷路』（74～75年）などを手掛けてテレビにはある程度慣れているはずだったが、やはり名だたる巨匠監督たちが集結した『傷天』の現場は、気合いの入り方が違ったようだ。だが、監督たちの旺盛すぎる創作意欲が、制作現場に思わぬつまずきをもたらすことになる。

予算超過と、混乱する現場

「計算外の状況だったのは、最初にローテーションを組んだ監督たちが競い合っちゃったんですよね。自分の作品歴の中に絶対入れたいという人ばかりで、張り合っちゃって。その上、テレビに慣れてないじゃないですか。それで日数もかかるし凝るんですよね。だから大変な予算オーバーで、深作組に関しては磯野さん泣いてましたよ。たった2本で前半のかなりの予算を食っちゃったんですから」（工藤英博）

この作品は浅草と新宿の夜間ロケが多く、予定の3・5倍の製作費がかかってしまった。深作監督は、ショーケンとユタカのキャラクターに惚《ほ》れ込み、熱の入った演出をしたので素晴らしい作品に仕上がったけれども、私の赤字責任は大である。続いて撮影した作品も1・5倍かかったので、深作監督の2本だけで5本分の製作費を使ってしまったことになる。（前掲『東宝見聞録』）

予算逼迫《ひっぱく》による現場の混乱に加えて、作品の一番の核になるべき存在であるシナリオの作業も暗礁に乗り上げてしまっていた。萩原が回想する。

出足からそんな状態だったので、とにかく余裕がない。撮影が進むにつれて、金は出て行く、日程は詰まる。市川の森ちゃんも追い込まれて、ホンが上がってこなくなる。やっと届いたと思ったら、シナリオでなくレジュメで、箱書き（シーンごとの構成）しか書いてない。あとでセリフがくっつけられると、こんどはストーリーに矛盾が生じることもある。

（前掲『ショーケン』）

萩原によれば、そんな時は主演の萩原自身が酒を飲みながらシナリオを全面的に書き換えてしまったという。

そんなプレッシャーがストレスになったのか、萩原に関して現場でのよからぬ噂《うわさ》が立ち始める。

「当時主役に助監督が殴られたり蹴っ飛ばされたりしたという話がね。それで現場の助監督は危ないことにも耐えられる、怖いもの知らずの連中が集められました（笑）。僕は荒っぽい石原プロの現場もすでにやっていましたから」（シリーズ後半からチーフ助監督を務めた岩崎純）

しかしこの件に関しては、異論や、萩原を擁護する声がスタッフから聞かれた。

「スタッフはスケジュール通りに進めないといけないけど、役者はもっと遊びたいという、そういう葛藤の違いがあったんじゃないかな。それでショーケンとスタッフが衝突するという。僕はショーケンが殴ったってのは知らなかったんだけど、多分僕らの上司が止めてたんですかね」（原隆仁）

「よく助監督を殴ってたっていうのは、殴られて当たり前のようなことするからですよ。それはもう、ショーケンはそんなバカじゃないですよ。ショーケンとほかの役者との関わりの中で、僕らが客観的にこう見てて、ショーケンはショーケンで思ったことをやるわけです。でもどうしたって中には、（気持ちが）乗っかれない女優っているわけですよ。その時はやっぱり助監督として厄介でしたね。ショーケンが言わんとしていることは十二分にわかるけれども、片やこの程度の女優でそこまで読み込んでやってるかというと、それは違うわけですから。それをね、僕らがあえてショーケンに何かするとね、僕らのほうに矛を向けますよ。『ふざけんな!』っていう。そんなことはこっちも百も承知だから」(神代組、工藤組チーフ助監督の後藤秀司)

ショーケンは、スタッフに毒づく、生意気な奴だと言われているが、仕事熱心だからこそ、スタッフに不真面目な奴がいるとド頭にくるのだ。トラブルが起きて、撮影が中断したときは、いつも呼び出された。(前掲『東宝見聞録』)

そんな不協和音が奏でられる不穏な状況の中で、次はこれも癖の強い監督たち——神代辰巳と工藤栄一の現場がクランク・インを迎えるのだった。

神代演出と、ショーケンのアドリブ

第4話「港町に男涙のブルースを」と第6話「草原に黒い十字架を」の2本撮りは、『一条さゆり 濡《ぬ》れた欲情』(72年)や、『四畳半 襖《ふすま》の裏張り』(73年)といった日活ロマン

ポルノの傑作で日本映画界に新風を吹き込んでいた神代辰巳が監督を担当した。神代は『傷天』に先んじて、東宝の一般映画『青春の蹉跌』を萩原の主演で撮っており、青年の孤独感や破滅を描いたこの作品は、青春のやるせなさを描く『傷天』のテーマとも一脈通じるものがある。神代が手掛けるロマンポルノのざらついた世界観に共感を持っていた萩原は、『青春の蹉跌』に続いて、『傷天』にも三顧の礼で神代を迎えた。

「第4話のロケは横浜のほうまで行きました。チーフなんで6話の千葉ロケにも行きましたよ。僕が行かないと監督が喜ばないですもん。演出部は4人体制、フォースまでいました。こういう作品の場合、ほかの現場はだいたい3人くらいでしたが、ちょっと豪華でしたね。僕はスケジュールを管理してました。あとは役者と冗談交じりに役柄の話とか、神代監督の補佐ですね。神代さんには可愛《かわい》がっていただきました。終わったら新宿の安いバーに連れてってもらってね。ショーケンは神代さんに対してはすごく尊敬している感じがありましたね。神代さんの日活時代の作品を彼は丁寧に見ていたんじゃないかな。それで好きになったんじゃないかと」（後藤秀司）

日活時代に数本のテレビ映画を手掛けてはいるものの、神代も基本的には映画（本編）

を主戦場とする監督だ。その演出ぶりは粘り腰が際立った。
「神代さんの現場、僕は前の日に飲みすぎちゃって、ちょっと遅刻したんですよ。新宿に泊まって、起きたらもう9時くらいだったのね。それでセット撮影だったんで砧《きぬた》の国際放映に行かなきゃいけない。それで1時間くらい遅れちゃうなと思って10時くらいに着いたんです。それでごめんなさいって言って入ったら、まだワンカットも撮れてないって。それで12時くらいまでリハーサルしてて、それでやっとワンカット撮れたと。長回しなんでずっと段取りやってたんですよ。だから遅刻しても怒られなかったんです（笑）」（原隆仁）
「神代さんは非常に静かな人ですね、大声なんか全然出さないし。粛々と進めていくような人なんだけど、すごく俳優さんからは人気がありました。内に秘めたというか、深作さんみたいにあれやこれやと号令を出して指示するタイプじゃないですよね。ぼそぼそって言うのが逆に響く人ですよね。ショーケンとは1974年に『青春の蹉跌』で組んで、2人は感覚的に波長が合って信頼関係が築かれていましたからね」（工藤英博）
「神代さんっていうのは自分で手踊りをやるって監督じゃなくて、役者を泳がせる人でしたね。そこで是非を決めていくような。神代監督とショーケンの息遣いは全部覚えてます。

神代さんはカット割りはしませんね。要するに人間の呼吸感とか流動感とか、そういうものを大事にする作家でした。テストはやりましたけどね」(後藤秀司)

一方、第6話の脚本を担当した映画監督の山本邦彦は、神代演出をこう評する。

「神代さんらしいなと思ったよ。日活ロマンポルノ作品が多いせいか、コンティニュイティが映画のものであってテレビのものでない。いわゆるカットバックで見せて、とにかく人物を動かさない。それでも決して飽きることのない画面構成で」(山本邦彦)

また、現場で見ていた人間のこんな証言もある。

「神代さんはショーケンとは『青春の蹉跌』をやっていたから、ショーケンが全幅の信頼を置いてて。神代さんはショーケンを遊ばせてましたよね」(原隆仁)

萩原のアドリブを多く採用したことで、自然とカットが少なく、長回しが多くなったと考えられる。

第6話「草原に黒い十字架を」は、オサムとアキラが辰巳から時価2億円の名画を盗み出すように命じられ、その過程で出会った、絵と因縁のある少女と旅に出るというストーリー。後半にロードムービー的な展開を見せるこの回の脚本を担当したのは、ザ・テンプターズのライバルであるザ・スパイダースやザ・タイガースのＧＳ映画の演出を手掛けた前出の山本邦彦。

「美術館で偽物とすり替えるという話は、ほかの作品で材料として温めていたんですよ。銀座の裏通りで美術商を装っているという設定で。現代の鼠小僧《ねずみこぞう》をやろうかなと。偽物を作っておきながら本物とすり替えていく。そういう題材を持っていたんだけど、磯野がやるって言うから使っちゃおうかと。そんないきさつがありましたね」（山本邦彦）

本来が映画監督の山本は、シナリオ作りの際にも映像的な視点から組み立てていく。

「好きというか、脚本を書く時にどうしても画になることを意識するんですよね。ロケーションであるとかね。最後の草原に十字架を立てるところなんかは、神代さんが粘ってくれそうな画になってますよね。これはまるっきり映画の手法ですよね」（山本邦彦）

この第６話では、後に有名になる「たまらん節」が萩原によって歌われる。しかし、この歌は元々山本のシナリオには書かれてはいなかった。

――ここで浪曲を唸《うな》る。

そう書いてあるんだけど、どういう浪曲を唸ればいいの？　そこで、こうやって歌が出てくるわけよ。だから、あの歌はたまたま出たっつうか、たまんねえよ。たまんねえからさあ、

♪たまらん　たまらん　たまらんぜえ

♪たまらん　たまらん　たまらんぜえ

そこで豊ちゃんが、

♪たまらん　コケたら　みなコケた

（前掲『ショーケン』）

「これはアドリブです。長回しですからね。上手い俳優は、感性のある俳優はその役に乗っちゃうんですよね。そこで歌なんかも自然に出てくる。歌が流れる時の画も決まってていいですよね。今のテレビドラマでは作れないね」（山本邦彦）

今ではこの「たまらん節」は、時間も予算も逼迫して混乱する撮影現場の辛《つら》さを萩原が嘆く本音から生まれた歌という定説がある。やはりミュージシャンという出自を持つ萩原ならではのアドリブだと言える。

そう言えば「たまらん節」ありましたね（笑）。僕も歌ってたかな？　萩原さんが歌っているのを見て、あぁ、やっぱり音楽家だなぁってしみじみ思っていました。テンプターズでしたからね。あぁ、音楽家だからこういう歌が出てくるんだなぁ、なんて当時思ってましたけど。あれはオリジナルでしょ。だって僕生まれてこのかた聞いたことないもの、そんなの（笑）。あれ、萩原さんのオリジナルでしょ（笑）。（小幡貴一、小幡〈田辺〉友貴編『不死蝶　岸田森』ワイズ出版、2000年、のち文庫化、水谷豊「言葉にできない人」）

同じ第6話では、オサムとアキラが並んで立ち小便するシーンで、「お前は小物のくせに持ってるものは立派だな」という萩原のアドリブが飛び出す。水谷はこれによって、後々までずいぶんと誤解されたそうだ。

このように、『傷天』において萩原のアドリブは日常茶飯事であり、萩原自身も、シナリオが完成していないから自分が酒を飲みながらメチャクチャに書き換えたということは、数多くのメディアで語っていることである。しかし、当時の関係者に意見を聞くと、意外と好意的な反応が目立った。
「ショーケンが全部台本を変えてアドリブでやっていたと言ってるのは、台本を読み込んでいるということですよね。読み込んでるからそうなるっていうのがね、僕らにはわかるわけですよ。だから監督が逆にチーフの僕に『どう思う?』って相談することもある。そういうこともありました」(後藤秀司)
「多少変えたっていいんだけど、うん、そんなに全部変えているわけじゃない。見たらわかるけれどね。要するに、むしろその生き方、彼が一番こだわったのは、この青年がね、こういう事件、あるいはこういう流れの中でどう生きるかっていうのにもすごくこだわっていたんです。だから、そういう時に思わず出てくるセリフっていうのは、大事だという気持ちがあったんですよ。だから全部許せると思ったね。いいじゃないかと思って見ていた。勝手に自分にいいように変えるんじゃないんだ、実は。自分がかっこよく見えるならこのほうがいいとかね、半端に考えた変え方っていうのは最悪です。作品ありきでいいほうに変える。セリフの語尾が違うとかそういう問題ではない。キャラクターになり切って

いると、そう言ったほうがいいんだろうなって感じながら見てましたよ」（第13話、17話の共同脚本を手掛けた高畠久）

萩原が元々音楽畑の人間で、本格的な演技は元はスタッフとして参加していた映画『約束』（72年）が初めてだったことは、第1章で書いた。劇団や養成所といった機関で演技の基礎を学んでこなかったことは、萩原にとって演技者としてのコンプレックスになっていたようだ。

オレは役者としては基礎的な訓練ができてなくて、地でやっている部分が多く、いつか壁につきあたるのではないかと言われている。確かにそうかもしれない。だが演技というのは訓練による部分とは別に、新しいものに貪欲で、そういうものを吸収しようとする臭覚とか、嗅覚のようなものに頼る部分があってもいいと思うんだ。オレはそういう感性を大事にしたいし、そういう役者になるために、自分なりに勉強していきたいと思っている。

（『キネマ旬報』１９７５年3月上旬号、「萩原健一　自己と映画についての総《すべ》てを語る…」）

オレ、とにかくいま芝居がうまくなりたいんだよオ。いまのオレの演技、ただがなり立てて、地をそのままぶつけてるだけだってこと、オレ自身がいちばん知ってるからね。ダスティン・ホフマンとかジョン・ボイトの演技見てると、シビレてきちゃうもんなあ。うまくなるにはハートがなきゃダメさ。ソウル・ミュージックみたいなもんで、生活自体を変えていかなきゃ、ほんとの芝居はできるようにはならないんだろうなあ。さみしいけどなあ。（『月刊明星』1975年4月号、「ショーケンとはなんだ?」）

「ショーケンには、自分が俳優座とか文学座とか、そういう役者の修業をしてきていないっていうことが、コンプレックスとしてあったかもしれない。でも自分の感性とか嗅覚とかね、作品がこれが正しいと思ったらそこに邁進《まいしん》していくっていうような、そこでもう覚悟して臨んでいるから。だから彼としてはそういうことを押し通せる環境にないと、相手にも求めるしね、そうでないとすごくテンション上がっちゃうと思うんですよね。工藤（栄一）さんや神代さんなんかそれに油を注ぐというか、プラスするようなことをするの

で、磯野さんなんかハラハラしていたと思いますよ（笑）」（工藤英博）

しかし、萩原が考え込むほど、当時視聴者だった若者たちには、「演技の良《よ》し悪《あ》し、上手い下手」的なことは関係がなかったようだ。

「この頃の僕らなんか、芝居のことなんてわかんないわけよ。ただひたすらかっこよく映すにはどうしたらいいかとか、そういうふうに考えていたな。とにかくかっこいいんですよ、ショーケンは」（原隆仁）

役者にとって、少なくともオレの場合は、私生活は演技に重要な影響を及ぼすと思っているね。

ホンモノの喜怒哀楽を経験した人の演技というのは、やはり説得力があると思うよ。

そうした経験を、演技に生かせない役者なんて、役者を止《や》めるべきだよ。

（前掲『キネマ旬報』1975年3月上旬号、「萩原健一 自己と映画についての総てを語る…」）

自分の演技に、リアリティと感情の熱さを求めた萩原健一。しかし時に、その熱量が現場で行きすぎる時もあった。
「アクションシーンでは、ショーケンは勢い余って本当に殴ったりしてましたね。一応擬《ぎ》斗《とう》の人はいたんですけど」（後藤秀司）
「ショーケンなんて平気で殴ったり蹴っ飛ばしたりしてましたから。嘘が嫌だっていうのがあいつの信条だったからね。真剣勝負なんですよ。『太陽にほえろ！』の時も本気で犯人を殴っちゃうんだから。その役者さんに次もまた出てもらおうと思ったら『あんな痛い思いするの嫌だ』って断られたりとか（笑）」（工藤英博）

強烈なる個性、工藤栄一

第5話「殺人者に怒りの雷光を」からは、『十三人の刺客』（63年）、『大殺陣《だいさつじん》』（64年）などで、集団抗争時代劇の先鞭《せんべん》をつけた工藤栄一が監督を担当。工藤は『必殺』シリーズ（72年〜）などのテレビ時代劇ですでに活躍しており、1973（昭和48）年の『風の中のあいつ』でも萩原と顔を合わせていた。

「工藤栄一さんは強烈な個性がありましたね。工事現場から来たような格好で長靴履いてきて。自宅が京都だから国際放映の近くにある千歳船橋の旅館に泊まっていました。そういう意味では出稼ぎ労働者ですよね（笑）。編集部の部屋に七輪持ち込んで、魚を焼いてたからね（笑）」（原隆仁）

「工藤（栄一）さんはズボンのバンドなんて藁《わら》ヒモでもいいっていう人ですね。私がプロデュースしたTBSの『風の中のあいつ』の打ち上げで、サントワマミーを原語で披露してスタッフから大喝采を浴びたり。慶応の法科を出ているんですが、不思議な人ですよ。魅力ある人です」（工藤英博）

工藤の放つこの〝不思議な魅力〟は、出演者である水谷豊も虜《とりこ》にしていたようだ。

時々意味もなく、ただ工藤監督に会うためにだけ、京都に行ったりしたこともあります。『傷だらけの天使』が終った頃ですから、僕が24か25の時になりますか。監督は京都で仕事をしていらっしゃるから、京都に行ってから、監督のスケジュールを調べるわけなんですけど。もう、いきなり会いたくなって、京都に行っちゃうわけなんですよ。それで、京都に着いてから、監督がどこの撮影所で仕事なさっているか調べて、大映ですと、大映の撮影所に行って、いきなりセットへ入って、監督の顔を見に行くんです。朝一番で京都へ行って、最終で東京へ帰ってくる（笑）

（『キネマ旬報』1983年5月下旬号、水谷豊インタビュー）

市川森一の脚本による第5話は、オサム、アキラを含む辰巳の配下の者たちが、何者かによって次々と殺害されていくというサスペンス編。中でも監督の工藤、主演の萩原ともに鮮烈に記憶していたのが、加藤嘉《よし》が演じるヤクザの組長の前で、辰巳が指を詰めるというシーン。ところがスクリプターの指摘により、ここで指を詰めるとその後のシーンとつながらなくなるということが判明した。

工藤監督は代案を思案したが、その頃ちょうど、辰巳役の岸田森が別の映画（実相寺昭雄《じっそうじあき お》監督の『あさき夢みし』〈74年〉）の撮影で頭をツルツルに剃《そ》っていたことがわかる。工藤は岸田が土下座をした瞬間にカツラが取れてスキンヘッドがあらわになるという芝居を提案するも、岸田は頑として拒否。押し問答が続いた挙げ句、萩原が岸田の耳元で「アル中なのをバラすよ」と脅しを入れて――。

出入りの場面の撮影が再開された。ぼくがそっぽを向いたあと、加藤嘉さんに岸田森さんが詫《わ》びを入れる。

「おおお、親分！」

畳に膝をつき、頭に手をやって……。

「も、申し訳ございません！　申し訳ございません！　申し訳ございません！」

だんだん、涙声になっていく。岸田さんは泣いていた。

ぼくが振り返ったのは、その最中だ。

「辰巳さん！」

ビックリしたねえ。本当に驚いた。

森ちゃんがカツラを取って、ツルツルに剃り上げた頭をさらして、土下座してるんだよお。もう驚いちゃってさあ。

その途端、大爆笑。おかしくっておかしくって、笑いがとまんなくなっちゃった。

あの場面もホンに書いてなくて、その場でできたってやつよ。

ただ、岸田森さんは本当にイヤだったんだろうね。撮影が終わったあとも、ずっと文句を言ってたもん。

「ひどい。こんな屈辱はない……」

（前掲『ショーケン』）

そのシーンに来て、森ちゃんがパッと取っちゃったら、ショーケン、一瞬アッと思ったみたい、でその次の瞬間ガンガンガンって笑っちゃって（笑）。加藤嘉さんもひきつるように笑ってるんですわ。もう全員駄目でしたよ。

（前掲『STUDIO VOICE』2000年8月号、工藤栄一インタビュー）

そんな悶着がありながらも、出演者同士やスタッフとの仲は和気あいあいとしていたようだ。

「岸田森さんもショーケンや水谷豊と話し合って、台本にはこう書いてあるけど、こんなふうにしたいって監督に相談してみようよ、ってやってましたね」（工藤英博）

「撮影が終わると萩原、水谷、岸田森で飲みながら次どうするか話し合ってましたよ。そういう意味では彼らも頑張ってましたよね。『チーム傷だらけの天使』みたいな感じで。それを監督に提案してました。その現場でパッと思いついてアドリブをやったってのはなかったですね」（岩崎純）

後年まで岸田森のことを萩原や水谷は慕った。「森ちゃんは教え好きだから」と岸田今日子は評した。

待っていられないときには、ぼくが自分でセリフを書いた。銀座で酒を飲みながら、ベロンベロンになっちゃって、ホンをグチャグチャにしちゃうの。徹夜で書いて、現場に持って行くと、監督の工藤栄一さんが言う。

「何て書いてあるんだよ、この字」

酔っ払って書いてるから、ぼくにしか読めない。それで、

「ここはね、こう書いてあんの」

と説明するのだが、工藤さん、少し難しい顔して、

「ちょっと乱暴すぎるんじゃないか」

そう言って、隣の岸田森さんに聞く。

「森ちゃん、どう思う？」

「おれなら、このセリフはこう言うね」

森ちゃんにアイデアを出されると、ぼくも感心したりして、

「ああ、そういう手もあるねえ。豊ちゃんはどう思う？」

水谷豊は遠慮してんのか、

「おれ？　おれはよくわかんないよ」

「わかんねえじゃねえだろ。何か言いなよ」

「じゃあ、アニキィー、こういうのはどう？」

そういうふうにつくっていくわけだ。ぼくひとりでなく、みんなの知恵を合わせて。

（前掲『ショーケン』）


こうしたディスカッションを経て、工藤組ではさまざまな演出的試みがなされた。第5話で猫に引《ひ》っ掻《か》かれた松山省二《せいじ》（現・政路）が振り向くと顔がお岩さんのように崩れてい

て、オサムたちがギャーッと叫ぶと鐘の音がボーンとなる恐怖演出は、録音部のベテラン・橋本文雄も巻き込んでのお遊びであったと、工藤栄一も回想している。

また同じ回で、恐怖と空腹に耐えかねたアキラが錯乱し、路地裏の生ゴミを漁って食べてしまうシーン。これは水谷の体当たり演技だったのだが……。

「場所は三軒茶屋だったかな、朝早く路地裏でゴミを漁って、何か食えるものを食うっていうシーン。僕がチーフ助監督の回で、小道具さんを怒鳴ったことあったんですよ。『水谷が一生懸命やってんだから、食えるものを用意しとけ!』って。だってほんとのゴミを持ってきてるんだもん（笑）。あれ、朝の4時か5時くらいですよ。それを一番覚えてますね」（後藤秀司）

このシーンは水谷にとっては災難だったが、現場のライブ感を一番大切にして、萩原をはじめとする役者陣を乗せて面白い映像を作り上げるのは、工藤栄一一流の才能だったようだ。

逼迫する予算、低迷する視聴率

ここまで深作、恩地、神代、工藤と、『傷だらけの天使』のセールスポイントだった映画畑の巨匠監督たちがメガホンを取ってきたわけだが、彼らがその才能を競い合って自由極まりない作品を作ったことは、芸術的な価値は別として、テレビ局や制作会社に多大な負担をもたらす結果となってしまった。

テレビ局からは深作監督を含めて、4人の映画監督を使うという発注条件だったので、8本で15本分の製作費を使い果たしてしまい、残りの18本を11本分の製作費で完成させなければならなくなった。1時間番組を30分のホームドラマの製作費で製作するようなものだ。テレビ局のプロデューサーは、理想的な構想を述べるだけで、赤字と放送日時を守る責任は取ってはくれない。

（中略）

下請けの国際放映社長から厳重注意を受け、フィルムの許容制限、夜間撮影の禁止などさまざまな制限が出されている。だが結局フィルムの許容限度が超えてしまった。そのままだと撮影中止になってしまうために、自前で調達しなければならなくなり、私財をつぎ込んでいる。

（前掲『東宝見聞録』）

さらに深刻だったのは、番組自体の評判の問題だ。4人の巨匠たちが作り上げた作品は、当時の「お茶の間」で放送するには前衛的すぎたのかもしれない。

「最初のほうの話は視聴率が6～9％くらい、2桁行かないですよ。これでショーケンのセックスシーンも入りますからね。第4話で池部良が出演した回のゲイのネタとかね。そうすると子供が見たいって言っても見せられないですよね。そうでなくても家庭で拒絶反応が起きるし。局に投書は来ますし、ＰＴＡの見せたくない番組ワーストワンになってしまって。やりたい放題だったんですけど、これはやばいということになりまして」（工藤英博）

この由々しき事態に、製作陣の間にも焦りの空気が濃厚に漂ってくるが、その中でもそれに抗《あらが》い続けたのは局のプロデューサーである清水欣也だった。

「国際放映のセットにいると、日テレから清水さんに電話がかかってきて、『また考査室から呼び出しだよ』と。それが何度も。過激なシーンをカットしてくれって言われるわけですよ。でも清水さんのすごいところは、『わかりました、このシーンカットします』とか『ほかのシーンと差し替えます』とか言うんじゃなくて、『このシーンが必要だ！』ってことで頑として引かないで、相手を説き伏せるんですよ。『せっかく今までやって来たものがおかしくなっちゃう』とか脅しも入れてね、のらりくらりとかわしたり威嚇をしたりして、すごい人だなあと。あの人は課長になるとか部長になるとか、そういうことはどうだっていいんですよね。自分が面白いと思うことを忠実にやりたい人なんです」（工藤英博）

とはいえ、やりたい放題やった深作欣二と神代辰巳は別の現場に去って行ってしまった。恩地日出夫と工藤栄一はローテーションに残っているが、まだ話が通じる監督たちではある。このような状況でワンクールが終わる頃には、関係者の誰もが、路線変更することに異議を唱えることはなくなっていた。そしてここから、新しく若い才能があまた参加することによって、『傷だらけの天使』が伝説のドラマになる布石が敷かれていくのである。

第4章　路線変更――そして、伝説に

必死の路線変更

制作予算の逼迫と低迷する視聴率によって、いつ放送打ち切りになってもおかしくない状況を迎えて、番組カラーを路線変更せざるを得なくなった『傷だらけの天使』。ここがプロデューサーたちの踏ん張りどころだった。

「まず脚本に関しては、セックスや暴力を減らして、もっと心情的な部分を入れて共感を得られる青春ドラマを作っていこうとなりました」（工藤英博）

さらに予算面を考慮して、諸々《もろもろ》にかけられるお金の額から逆算をして脚本を作るという方法が採用される。

遠方でのロケーション設定は、あらかじめタイアップ交渉をして、ホテルの宿泊と現地協力を決めてから脚本の執筆依頼をした。ほかの番組のレギュラーセットの空きを調整して使用許諾を取り、脚本家に場面設定を指定した。イメージに合うセットがないときは、廃材を利用してセットを組んだりした。（前掲『東宝見聞録』）

「それからシリーズ後半の監督は、鈴木英夫さんとか児玉進さんとか、東宝所属のオーソドックスに撮ってくれる監督さんたちにも頼みました。結果的に工藤栄一さんの本数が多かったですが、まあまあですよね」（工藤英博）

工藤栄一がシリーズ中もっとも多くの6本を監督した理由には、こんな笑えるものもあった。

番組制作費だけじゃなくて、工藤監督も個人的に当時、金銭面で逼迫していたそうです。酔っ払って喧嘩して、歯を何本も折られたから、治療費が必要だった（笑）。

それでプロデューサーに頼んで、作品数を増やしてもらったとか。
（前掲『週刊現代』2012年4月21日号、「週現『熱討スタジアム』」赤坂英一の証言）

「キャスティングに関しては、西村晃さんとか金子信雄さんとか、レギュラーにしたかったんですけど、ギャラが高いから削ったんですよね。磯野さんも泣く泣くね。でもその代わりゲスト主役に旬な女優を入れようということで、ちょっと工夫したんですよ」（工藤英博）

そして、桃井かおり、関根恵子など女優と有島一郎、小松方正《ほうせい》など芸達者なゲストに出演してもらって、役者のキャラクターを生かしたストーリーを考えた。ショーケンとユタカの個性がゲストの個性と絡み合うとストーリーは弾んだように展開して行く。
（前掲『東宝見聞録』）

まさに涙ぐましい努力の数々。これらの改革案が実際にはどのように進められていったのかを検証してみよう。
まず重要なのはやはり、作品の骨組みとなる脚本である。番組開始当初は市川森一をメインライターとして押し出していたものの、前述したように執筆が遅れて本番に間に合わなくなることも多く、ほかのライターたちをシリーズに導入することが急務となった。
「市川森一さんは決めゼリフが決まってから、それまでの話を書く手法の人だから。『このセリフを言わせたい』っていうために全てを書くっていう先生なんですよ。だからメインのセリフが決まらないと書けないいんですよね」（岩崎純）
「シリーズ後半は新人のライターとか、日テレや東宝に出入りしていた若手の人たちも使おうとなりました。磯野さんにしたら厄介な脚本を書いてこないで、予算にもはまるようにっていうこともあったと思うんです。それはいいことだと思いましたね。渡邉由自《わたなべゆうじ》くんなんかも素敵な感性を持っている作家だと思いましたから」（工藤英博）
シリーズ途中から参加した脚本家たちは、清水欣也プロデューサーの厳しい指導のもと、急ピッチでシナリオの作成に取り組んだ。
「清水さんはシナリオを読んで、脚本家に『これ書き直してください』ってバーッと言う迫力がすごいですからね。ここはこうで、ここはこうしないと成立しないとか、全部1ページ目から書き直させるんです。僕だったらあれほどは言えないなあと。あれはすごかったですね」（工藤英博）

そして、予算的な制約から、場面設定やシチュエーションといった要素があらかじめ決められた中でシナリオを書かなければいけないというケースも多く、なおかつ常に質の高い内容が求められるのは、若手脚本家たちには苦労の種だった。

脚本家は、押し付けに基づいて書かなければならないので、苦労したことだろう。その苦労の甲斐《かい》があって、製作費の削減ができたのである。でも、ストーリーが面白くなければ駄目だ。（同前）

もちろん主演の萩原健一も、市川森一とやり取りをしていた時と同じく、一切の手抜かりなく若手の脚本に注文をつけてくる。

設定の不自然さが出るとショーケンから深夜に電話がかかってくる。約1時間にもおよぶ長電話は、役柄のアイデアも含めてのことだ。四六時中、ドラマのことを考え、真面目に取り組んでいるので、一緒に飲みに行っても仕事の話だった。（同前）

でき上がったシナリオも、萩原のアドリブによって撮影時に変わった。しかしシナリオはあくまでも作品の骨組みである。シナリオに書かれた内容を崩さない範囲で、監督の演出と萩原ら俳優陣の芝居によって、ドラマがいい方向に味つけをされていった。

でき上がった作品は、必ずしも台本通りではなかった。台本はあくまで作品の方向性で、監督たちも、ショーケンのキャラクターを活《い》かしながら、心情ドラマをつくり上げてくれた。（同前）

あのドラマではアフレコといって、収録を終えた後にセリフを吹き込んでいました。だからアフレコの段階で変えさせられたセリフもある。収録のとき、修は亨の顔を見るたびに勢いで「バカヤロ〜！」と怒鳴っていたんですが、プロデューサーから「バカヤローが多すぎるんじゃないかな」と苦言を呈された。だからその部分をアフレコのとき「アキラ〜！」と吹き替えたんです。口と言葉が合ってないんですが、そのプロデューサーは「合わなくてもＯＫ。気持ちの問題だから」だって（笑）。

（前掲『週刊現代』２０１２年4月21日号、「週現『熱討スタジアム』」萩原健一の証言）

それに水谷豊が「アニキ〜！」と呼応して、結果的に『傷天』名物の2人のやり取りが誕生したのだ。やはりこの作品は優れた脚本を土台に、才能ある俳優たちが美味《うま》い味つけを施した逸品なのだと、改めて認識する。

「元帥」児玉進組、始動

巨匠の映画監督たちが演出を手掛けることが番組の目玉のひとつだった『傷だらけの天使』だが、予算の逼迫によって彼らの現場を維持することが困難になり、より製作側の注文通りに作品を仕上げてくれる職人監督たちがシリーズ途中から登板することになった。

第9話「ピエロに結婚行進曲を」からは、1926（大正15）年生まれの児玉進がメガホンを取る。児玉は1953（昭和28）年に東宝に入社、『青春とはなんだ』（65〜66年）、『これが青春だ』（66〜67年）といった学園青春ドラマのほか、『太陽にほえろ！』のジーパン編など、主にテレビ畑を歩んできた監督だ。

そして、児玉がチーフ助監督に抜擢したのが、当時弱冠25歳の岩崎純。岩崎は石原裕次郎のデビュー作として名高い『太陽の季節』（56年）を監督した古川卓巳《たくみ》を父に持ち、東宝演劇部のスタッフを経て、国際放映に出入りする助監督となった。『傷天』の前年には石原プロモーションと東宝の共同制作によるアクション映画『ゴキブリ刑事《デカ》』（73年）にも参加している。児玉とは東宝青春ドラマの現場で知遇を得た。

「僕はその頃、テレビとはいえチーフ助監督はやったことなかったから、『ちょっと自信ないです』って言ったら児玉さんが『俺がやる回だけだから』と。それは多分ね、磯野さんと話がついてたんですよ。監督が責任持つからと言ってくれて、それでチーフ助監督をやったんですよ、児玉さんがやった回は全部」（岩崎純）

異例の抜擢といえるが、そこまで児玉が岩崎を起用したがったのには、驚愕《きょうがく》の理由があった。
「ショーケンさんがスタッフを殴ったり蹴ったりしていたって話があったんですよ、僕がやる前にね。俳優さんがスタッフをいじめたりするのは絶対禁じ手なんですよ。立場が弱いんだから。監督とかプロデューサーを殴ったんならわかるけど、現場のスタッフに手を出すとかよくないよね。それでやる奴がいないってことになって、児玉さんが『4本俺がやるからお前チーフやれ』と。そこまで言われたらしょうがないなと思ってやったんですよ。それで現場に行ったら案の定ショーケンが『今度来た助監督はヤクザ者か何かなの?』って俺のこと言ってたっていうの（笑）。当時の俺は渡哲也さんの髪型みたいに短くしていたからね」（岩崎純）
石原プロモーションの現場も経験済みである「武闘派」の岩崎に、暴れ馬の萩原健一を抑え込む役割を担わせるという児玉の計略だったのだ。そして撮影開始早々、その成果が現れることになる。
「昼食後にセットを見に行ったら、まだ始まってないんですよ。『どうしたの?』って聞いたら『萩原さん待ちです』と。ショーケンは石原裕次郎さんのキャンピングカーの中にいるって言うんです。『呼んで来いよ』『いや、呼びに行ったけど来ないんです』って言うから、裕次郎さんに挨拶がてらキャンピングカーまで行ったんです。そうしたら裕次郎さんに『お前、何してんだ?』って聞かれて『いや、ちょっと助っ人で『傷だらけの天使』やってるんです』って言ったら、ショーケンに『お前、最近調子乗ってんじゃねえか? 純、ビシビシやれよ!』って言うからショーケンが『そんなことないっすよ。はい』ってセットに戻って行った(笑)。俺と裕次郎さんの関係がどういうものかショーケンにもわかったんで、それからはトラブルもなかったよね」(岩崎純)

毎週毎週1時間の作品を作ってオンエアしなければならないテレビの現場では、映画本編よりもスピード感が重要になる。スタッフも役者も、1分1秒を無駄にはできない。しかし、『傷だらけの天使』の開始当初は、映画畑の監督たちが映画の感覚で贅沢《ぜいたく》に時間を使ってしまった。

私は、ダメなんですよ。二冊持ってやるというのが。一本を、撮るっていう。不自由な奴等《やつら》だから。二本持ちっていうのはダメなんだな、やっぱり入りこめなくて。

（前掲『STUDIO VOICE』2000年8月号、工藤栄一インタビュー）

通常、テレビ映画の撮影は、「2本持ち（または2話持ち）」といって、ひとりの監督が2週間の期間内に2話分を担当する。例えば『傷だらけの天使』では、ペントハウスや綾部情報社のシーンは、2話分をまとめ撮りする。ところが時間的にも逼迫していた『傷天』の後半シリーズでは、その余裕すらなかったという。

「この頃になると現場が追い込まれていたから。最初の頃は深作さんとか神代さんとか工藤さんで日程とか予算がオーバーでめちゃくちゃだったから、東宝としては本当に追い込まれてきていて、しっかりちゃんと撮ってくれる監督さんじゃないと困るっていう状態になって、それで児玉さんとか東宝の監督さんたちが最後のほうはやったんですよね。プロデューサーとしてはパンクしちゃうからさ、納品できなかったらそれこそ会社が終わっちゃう段階だから。それで最後のほうも本当に追い込まれたから。2本持ちじゃなくて1本持ちで。そう、1週間で1本撮って仕上げて、また1週間で撮ってって、1本持ちだったんですよ。だから結構ハラハラドキドキしてやりましたよね。でも確か時期が冬で天気も晴れてたから、梅雨どきみたいに雨で駄目ってことはなかった気がする。何とか、1週間で1本ずつ撮ってたのは覚えてますよ」（岩崎純）

そのように追い込まれた状況の中で、「鬼助監督」の岩崎も、主演の萩原に対してさえも遠慮することなくビシビシ現場を回していった。

「萩原さんが朝弱いんで、はじめの撮影はなるべく彼の家の近くでやってましたね。ある時、朝の光線待ちで待たせちゃって、そうしたらショーケンが怒ってしまった。そこで僕がみんなの前は避けてマイクロバスの中で2人だけで『あなたが主役なんだから。あなたのためにいい画を撮ろうと思って、光線の都合でこう撮ってるんだ』と。『だからどうしても我慢ならないっていうなら撮影の順番を変えてあなたのほうから撮るけど、待ってもらえないか』と頼んだら、『ああ、わかった』と納得してくれました。ちょっともめかかったんだけど、そこははっきり言いましたよ」（岩崎純）

このように、児玉による岩崎起用は見事に結果を出した。一方、児玉監督自身も、予算的、時間的な制約に苦戦しながらも、ベテランらしい演出術で現場を進めていった。

「児玉監督は手堅い演出で、奇をてらったことをする人ではなかったですね。東宝の監督さんはみんなそうです。会社のカラーですよ。演出は自然体です。あんまり自己主張はしない。萩原さんにもアドリブはやらせてあげて、いいか悪いかの判断は児玉さんが下す。ダメなところはダメ、よきにはからえみたいな、美味《おい》しいところはいただこうと。萩原さんも監督には甘えていたところがあると思いますよ」（岩崎純）

「児玉進さんは大人ですよ。ショーケンに『どうぞどうぞ、やってください』『いいね、いいね！』って感じで。児玉さんはいい監督でしたね」（原隆仁）

なお、児玉進の曽祖父は日露戦争で満州軍総参謀長を務めた児玉源太郎陸軍大将であり、進自身も「元帥」のニックネームでスタッフたちから慕われたという。

若手脚本家とベテラン監督のコラボ

第10話「金庫破りに赤いバラを」と第11話「シンデレラの死に母の歌を」は、当時28歳の渡邉由自が脚本を担当。演出はそれぞれ、鈴木英夫と土屋統吾郎という東宝の職人監督たちが手掛けた。

渡邉はシナリオ作家協会のシナリオ研究所や、脚本家・新井一が設立したシナリオ塾

（後のシナリオ・センター）での修業を経て、磯野理がプロデュースした幼児向け特撮番組『クレクレタコラ』（73～74年）でデビューしていた。

「『傷だらけの天使』に参加できたきっかけは、もちろんプロデューサーの磯野さんとのつながりもありますが、私はそれより先に渡辺企画のプロデューサーの工藤英博さんと、渡辺企画専属俳優のドラマ企画、例えば萩原健一さんの『風の中のあいつ』（73～74年）とか、『くるくるくるり』（73～74年）などに関わったりしていました。声がかかった比重としては、いくらかはそれもあったのではないかと思っています」（渡邉由自）

2本のうち、先に書いたのは第11話のほうだった。

「私のドラマデビュー作でもある『シンデレラの死に母の歌を』ですが、当時私の姉が購読していた女性週刊誌に載っていた、アメリカの富豪の孫娘が誘拐されて殺されたという記事がヒントです。プロットを提出したその場で、『土曜までにシナリオを上げてこい』と、磯野さんに厳命されて書き上げたものです。最初は『まあ、どなたか先輩の方が手直しして、連名でいいので採用されれば、しめたものだ』と、軽い気持ちで提出しました。それでもやはりいざとなると、胸が苦しくなるほど動悸《どうき》が激しくなり、原稿を読む磯野さんやら監督の顔をまともに見られませんでした。ちょうど、テレビで巨人軍の長嶋茂雄氏の引退セレモニーをやっていたのを見て、何とか落ち着かせようとしましたが駄目でした。ですが結果は、意外にも直しもなく即採用と言われ、その後のことはもう夢の中を彷徨《さまよ》っているようで何も覚えていません」（渡邉由自）

第10話「金庫破りに赤いバラを」では、主演の萩原健一が映画『雨のアムステルダム』（75年、蔵原惟繕《くらはらこれよし》監督）の撮影のためオランダに行かなくてはならなくなり、オサムの登場場面が少なくなっている。

「書いている途中で、『ショーケンがアムステルダムに行くことになったので、出番を極力少なくしてくれ』と、注文が急にありました。何人かの脚本家の方は、私と同様に面食らったと思います。後に放映作品を見てて、突然ショーケンが画面から消えたりするので、『ああ、皆さんも苦労したんだなあ』と苦笑いしたものです。でもまあ私はというと、水谷豊さんと小松政夫さんをミニ・ショーケン＆豊コンビに見立てることで切り抜けました」（渡邉由自）

この回では、小松政夫のほかに、強烈な個性を放つゲストが登場した。ゲイの殺し屋役を演じた加納典明だ。本業は言わずと知れた写真家であり、『傷だらけの天使』の宣伝スチールや劇中写真を手掛けている。殺し屋役での出演も、それらの仕事と同じく、萩原健一からの直々のオファーだった。

ああ、あれはショーケンの誘い方が上手というか。「加納さんね、すっごく哀《かな》しくて悲惨な男」とかなんとか、あいつ、うまい誘い方をしたんだよね。「哀しくて救いのない役」って言ったかな、要するになんか「そういう役があるんだけどちょっとやってみないか」って。俺なんて全然やる気がなかったんだけど、ショーケンのその言葉に乗ってしまって、勿論《もちろん》俺はまともな役なんてやる気がなくて、悲惨で哀しい役なんていいじゃん、という感じで内容なんて聞かずに。聞いたらなんてことのないオカマの殺し屋というか（笑）。

（前掲『STUDIO VOICE』2000年8月号、加納典明インタビュー）

監督はベテランの鈴木英夫。元々は戦後間もない頃から大映、新東宝、東宝を渡り歩いた映画畑の監督で、特にサスペンス、ミステリーの名手として、近年再評価されている存在である。また、手堅い職人監督のイメージも強いが、現場での演出ぶりはどのようなものだったのだろうか。

「鈴木英夫監督は堅実で骨太な人ですよ。プロフェッショナルな監督だと思いますよ」（工藤英博）

「ほかは知らないけど、監督との諍《いさか》いみたいなのはなかったな。俺との関係だと、とにかく好きにやらしてくれたというか。なにせこっちは素人だからさ。今回取材があるっていうんでちょっと見直したんだけど、この手の存在感はあるよな。いや自分で言うのもなんだけど、俺の存在がやっぱりいいよって。『俺、それをどうしてもっとやらなかったの』って感じだよ」（加納典明）

鈴木も児玉と同様、役者を自由に泳がせて、その中からいい芝居を採用するスタイルだったようだ。

「ショーケンはさ、やっぱり自分でやりたいことがあるわけじゃない。でも監督もやりたいことあるじゃない。そういう軋轢《あつれき》はあるよね。若い役者にしては物をはっきり言うし、嫌なものは嫌だって。だからその辺のことはほかの奴と違うものがあったり、その軋轢もあったんじゃないの。そんなことはそれでいいよな。監督の言う通りなんかやってたんじゃ話になんないわけでさ、役者も」（加納典明）

役者を自由に泳がせる鈴木監督といえども、やはり萩原とは熱いぶつかり合いがあったようだ。

売れっ子、鎌田《かまた》敏夫が登板

第12話「非情の街に狼《おおかみ》の歌を」の脚本は、鎌田敏夫が担当。鎌田はシナリオ研究所を経て、東宝のベテラン脚本家・井手俊郎に弟子入り。弟子生活を6年続け、井手の推薦により1967（昭和42）年『でっかい青春』でデビューした。また、この番組のプロデューサーが岡田晋吉であり、その後は岡田とのタッグで『俺たちの旅』（75〜76年）などを制作。同じく岡田プロデュースの『太陽にほえろ！』は途中から参加し、マカロニ時代にはミステリアスな展開に加え、ボスとマカロニの絆《きずな》を感じさせる第32話「ボスを殺しに来た女」などの傑作を放っている。

『太陽にほえろ！』は小川英が全脚本の責任を持ち、時に若手の脚本に自ら「直し」を入れることもあったが、「市川森一と俺は外様だった」と振り返る鎌田は、それゆえにひときわ印象に残る個性的な作品で異彩を放っていた。ジーパン時代の第63話「大都会の追跡」で、ナイターの行われている後楽園球場を舞台にスケールの大きなサスペンス劇を展開し、ファンの間でも語り草になっている。

「この回は関根（現・高橋）恵子がずーっと犯人を尾行する。巨人対広島戦の試合中の後楽園でロケしたんですよ。エレベーターに乗ったり、地下に行ったり、まかれたり……それだけの話。『太陽』には何かショーケンが文句を言ってるから入ってくださいって、現場のプロデューサーに言われて入ったんだけど。中盤ぐらいでもう10本程度作った後だったかな」（鎌田敏夫）

この流れで、『傷天』への参加も岡田プロデューサーから声がかかった。しかし、そこで出会ったメインプロデューサーの清水欣也のインパクトは強烈だったようだ。

「欣也さんは真面目な岡田さんとは全然違う破天荒な人でビックリした。どちらかというと岡田さんよりもショーケンと合う人だよね。『傷天』のオンエアはもう見ていて面白か

ったから。欣也さんも『基本的には自由だ、何書いてもいいよ』って言うんで、これはやってみようと」（鎌田敏夫）

鎌田が初登板した第12話「非情の街に狼の歌を」では、冒頭からオサムが交通事故に遭ったという設定で、萩原健一の出番が少ない。おそらくこの回も第10話同様、萩原が『雨のアムステルダム』の撮影のため、時間が取れなかったのだろう。代わりに、水谷豊のアキラと、岸田森の辰巳がバディを組んで活躍する。

「この話はあまり覚えてないなあ。こういうふうにしてショーケンがあまり出ないというのはあったと思うんですけどね。ショーケンが時間が取れないみたいな、そんな感じだね」（鎌田敏夫）

「非情の街に狼の歌を」は熱海《あたみ》ロケで、水谷の相棒役となった岸田森が張り切っている。それに加えてカメラが回っていないところでも、岸田はノリノリだったようだ。

「シリーズ後半では岸田森さんがやっぱり遊び始めましたよね。これをやっていいんだっていうのがわかると、もうガンと来るからね」（原隆仁）

地方ロケに行くと、ほんとは部屋って別々なんだけど、森さんとだけは一緒に二人部屋にしてもらうの。

（中略）

次の日、僕は寝起きが悪くて、森さんはその日撮影一番手だったの。だから、「終わって帰って来たら豊起こすから、安心して寝てて。起きてメーキャップすればいい時間に起こすから」って言ってくれたの。それから森さん、撮影から帰って来て起こすんですよ、「豊ちゃん、豊ちゃん、起きなさい」ふっと目覚めたら仲居さんなのね。それで、ふっと見たら森さんがね、カツラ被《かぶ》ってアイシャドーしてつけまつ毛して口紅して、昨日怖いって言っていた仲居さんの着てる服を着て、僕を起こしてるの（笑）。そんなことする人なの。それでキャーキャー喜ぶ人なの。信じられないでしょ。

（前掲『不死蝶　岸田森』、水谷豊「言葉にできない人」）

もちろん水谷自身もノッていた。萩原との「オサム〜！」「アニキ〜！」の掛け合いも板について、萩原に負けない番組の「顔」としての存在感も、どんどん増していった。

「水谷豊は今や大スターだけど、『傷天』の頃はまだ覚悟して役者をやっていこうって時期じゃなかったんですよ。稼がないといけないからアルバイト感覚でやってたんだけど、それぐらいの感じでしたね。でもこの時の水谷豊の気の入れようはすごかったですね。ほんとに熱心で」（工藤英博）

「水谷豊さんは元々、児童劇団出身で、力はあったから。立ち振る舞いは我慢していたけど、映像の中ではショーケンを食ってやろうっていう思いがあったよね」（原隆仁）

「番組の人気があったのは肌にしみて感じましたね。ロケーションに行っても嫌がられなかったし。ショーケンも人気があったけど、水谷もかわいくて奥様方なんかに人気がありましたよ」（後藤秀司）

「恩地組の第14話『母のない子に浜千鳥を』で湯河原にロケに行ったんですよ、桃井かおりがゲストで。それで現地の女子高生とかがサインくれって群がってくるんだけど、ショーケンより水谷豊のほうが多かったんですよ。それでショーケンが嫉妬していたという（笑）」（工藤英博）

それでも、萩原と水谷の関係性やキャラクター性は、『傷天』のコンビを地で行くものだったようだ。

「水谷が可哀そうなのはショーケンとの関係がドラマ以外でも同じなんですよね。殴られたり（笑）。久々に水谷に会うとこの頃の話になりますね」（後藤秀司）

そうね。漢字と言えば、桃井かおりがゲストのとき（第14話「母のない子に浜千鳥を」）、俺は2本撮りのもう1本に出てた女優さんに気がいっててね（一同笑）。で、かおりが「故郷に錦を飾る」って台本に書いてあるのが読めなくて、「この字なんて読むの？」って訊《き》くから「え？　あ、ワタじゃねえの？」って言ったわけ（一同笑）。俺はそれどころじゃなかったから。でも、かおりも「ワタじゃないと思うけどなあ」って思ったんじゃないかな？　首をかしげながら豊ちゃんに訊いたらしいんだ。「これ、ワタでいいの？」って。そしたら「兄貴が言うんだから間違いねえだろ」って（一同大爆笑）。それでも、やっぱりかおりが変だと思って、今度は監督の恩地（日出夫）さんに訊いたらしいんだ。そしたら、恩地さんが「なに？　ワタ？　誰が言ったんだ!?」「ショーケンと豊」って（一同爆笑）。それ、そのままずーっと言われてたよ、俺たち（一同笑）。ちゃんとしてれば読めるよ、錦と綿は違うんだから（笑）。でも、「兄貴が言ってるんだから間違いねえだろ」って、キッパリ言い切る豊ちゃんもすごいだろ？（一同爆笑）

（『刑事マガジン』8号、萩原健一インタビュー）

次々参加する手練《てだ》れ、若手たち

第13話「可愛《かわ》いい女に愛の別れを」は、土屋統吾郎が監督。土屋も『飛び出せ！青春』（72〜73年）、『われら青春！』（74年）などの東宝青春ドラマを経て、『太陽にほえろ！』を担当するという、児玉進と同じ路線の監督である。当時39歳、演出家として脂の乗り始めた頃だろう。

脚本は、神代辰巳の第6話「草原に黒い十字架を」に続いて山本邦彦が担当。さらに共同脚本として、高畠久がクレジットされている。

高畠は、東宝で主に企画を担当するプロデューサーとして活動。その流れで、自身の企画作品の脚本を、匿名で執筆することが多かった。初めて名前を出して脚本を書いたのは、唐《から》十郎主演の『銭ゲバ』（70年、和田嘉訓《よしのり》監督／脚本は和田、小滝光郎《みつろう》と共同名義）だったという。

「僕が30歳の時に東宝でやった堀川弘通《ひろみち》監督作品のフォース助監督についていたのが確か磯野理さんだったかな。それで彼がテレビ部に行ったんで、ちょっと相談に乗ってよって。基本的に、僕はあんまり金持ちとかね、権力者の視点で書きたくない。アウトローないし、弱者ですよね。同じ会社でも、出世なんかしそうのない男の視線で、あるいは女の視線で書いていきたいと、そういうテーマのほうがいいなと常々思っていた。そうしたら『傷だらけの天使』っていうのは、もうそれにぴったりだったんですよね」（高畠久）

この回では、オサムとアキラが社長令嬢を誘拐して、世間知らずの彼女とおかしな共同生活を繰り広げる。その令嬢役を演じる吉田日出子がチャーミングだ。

「吉田日出子いいよって言ったのは僕ですから。僕は彼女が出ていた自由劇場なんかも見ていたんで。この頃の『傷だらけの天使』は予算も少なかったから、有名な俳優さんを出すというより、小劇場なんかの若い新しい才能をどんどん出していこうという方針でしたから。そうしたら吉田さんも見事に金持ちのお嬢様をやってくれましたね」（高畠久）

共同脚本については、今回は高畠が先に第1稿を書いたとのこと。

「とにかく僕の第1稿は着想的なもので、後の現場的なことは監督が直すんでもいいよ、って言って渡したんですよ。土屋統吾郎監督には会ってないんですけど。でも監督が直すには大変なシナリオだったのか、プロデューサーからは『山本邦彦に頼みます』っていうことだけは言われました。それで『ああ彼だったらいいよ』って。このことで打ち合わせなんかはしてないですね。邦さんだったら絶対わかると思ったから」（高畠久）

劇中ではペントハウスに置いてあるテレビで、当時の人気バラエティ番組だった『金曜10時！ うわさのチャンネル!!』（73〜79年）を見ていたり、その後にオサムたちが『うわさのチャンネル!!』で人気になったプロレスラーのザ・デストロイヤーのマスクをかぶったりと、楽屋オチ的なお遊びシーンが印象的だ。

「あの格好は現場で（考えて）やってると思いますよ。脚本にはそこまで書いてないと思うけどなあ。なんせねえ、50年ぐらい前だから忘れちゃいますね」（山本邦彦）

恩地日出夫が演出した第15話「つよがり女に涙酒を」では、ゲストの歌手・松尾和子の息子役を一般公募するという試みがなされた。松尾は当時熟女の色気をふりまく女性タレントとして人気が高く、この募集には、またたく間に1000人の応募者が殺到したそうだ。

応募してきた千人のうち九割までが高校生。いずれも申し合わせたように、苦しい胸のうちを切々と訴えてきた。いわく、「ボクこそピタリ」「一目会いたい」「話したい」から「採用してくれなきゃ死んじゃう」なんて物騒なのもあり、「あの豊かな胸に抱かれたい」といったところが本音か。

（『週刊読売』1974年12月28日号の芸能記事）

第16話「愛の情熱に別れの接吻《せっぷん》を」では、脚本に再び鎌田敏夫が登板。オサムがふとしたきっかけでストーカーの女に追い詰められ恐怖を味わうというストーリー。サスペンスの名手・鈴木英夫監督の面目躍如の回となった。

「ショーケンが高橋洋子をナンパしたらストーカーになっちゃうという。イーストウッドが監督した『恐怖のメロディ』（71年）みたいなのをやりたかったんだよね。『傷天』はショーケンが座長になってどうこうとかいうのは聞いてない。脚本は清水欣也さんと主にやり取りしていたから。メインライターの市川森一さんを意識することもなかったですね。彼とはそれなりに交流はあったんだけど。鈴木英夫監督は東宝の中でもシャープで面白かったんだ。司《つかさ》葉子が広告代理店に勤める女性を演じる『その場所に女ありて』（62年）なんてすごくよかった。この人を監督に選んだ人選は偉いと思うよ」（鎌田敏夫）

冷蔵庫を開けると女の腕が入っているといったホラー描写も効果的だったが、鎌田本人によれば特に意識してやったことではないという。

また、ストーカー女を演じた高橋洋子も、実に熱心に役作りに励んでいたそうだ。

この役柄が決まってからの彼女、会う人ごとに、

「異常性格の女って、どんななのかしら？」

と聞いてまわっては、役作りの研究に熱を入れている。

台本に「あんたを心から愛してるわ」というセリフがあったが、

「異常性格者だから、セリフなしで男を見つめるほうが意味深でいいじゃない？」

と提案、セリフをカットしてしまった。

（『週刊平凡』1975年1月16日号の芸能記事）

第17話「回転木馬に熱いさよならを」の脚本は、渡邉由自が三度目の登板となったが、この回の決定稿ができるまでには紆余《うよ》曲折があった。

「1稿目を書いて、シナリオの打ち合わせに臨みました。その時、磯野さんがほかの仕事で同席せず、鈴木英夫監督と2人きりの打ち合わせだったと思います。その経緯にはあまり記憶がないのですが、いきなり設定変更を求められ、私はずいぶん抵抗しましたが、結局押し切られました。そのためかシナリオの直しに苦労し、結果的に高畠久氏のお世話になってしまったのです。自分で最後まで処理し切れなかった痛恨の作品になってしまいました。さすがに落ち込んでいる私に、磯野さんが、『俺が同席していれば、別の方法がとれたかもしれなかったのに、新人をひとりで打ち合わせさせて、悪かった』と、おっしゃってくれたので、私は何か急激に肩の力が抜け救われた気分になったのを覚えています」

（渡邉由自）

一方、急遽《きゆうきよ》脚本の修正を担当することになった高畠のほうは、第1稿の不備を指摘した萩原健一の姿勢に思うところがあった。

「これは本当に急遽も急遽だったんだけど、90%くらい書き変えましたね。これは初稿を読んだショーケンが、最初こういう人間だと思って書かれていて、そういうふうに演じていったら途中でキャラが変わっちゃってるのは気持ちがついていけないっていうんだよね。それで僕も読み返してみたら、やっぱり気持ちがつながってなかった。さすがにショーケンは脚本をよく読み込んでいるなあと感心しましたね。普通の俳優さんだったらそんなところはスルーして上手くやればいいやっていう人が多いですから。それからすると、ショーケン、こいつはものすごくいいな、と思いましたね。僕は元来プロデューサーなので、自分でこれが書きたい、という気持ちよりも、面白い、いい作品になってほしいな、という思いのほうが強いんです」(高畠久)

第18話「リングサイドに花一輪を」は児玉進の監督回。脚本担当は、『傷天』初登場となる柏原寛司。後に『西部警察』(79～84年)や『あぶない刑事』(86～87年)でアクション刑事ドラマの巨匠となる柏原も、この頃はまだ『クレクレタコラ』でデビューしたばかりの新人だった。

「『クレクレタコラ』をやってる最中から『傷天』をやるっていうのは聞いてて、磯野さんから『お前ら書く？』ってことで渡邉由自さんや篠崎好《よしみ》さんが行ったわけ。その流れで俺も声をかけてもらったと。当時俺は『タコラ』に専従してたんで。それで1本書いて見せたら清水欣也さんに『君、ライターやめたほうがいいよ』って言われたんだ（笑）。『太陽にほえろ！』のメインライターの小川英さんにも『君だけはプロになると思わなかったよ』って言われたんだけど（笑）」（柏原寛司）

この回ではオサムとアキラがあるボクシングジムの評判を落とすべく、練習生として入門するという、スポーツを題材にした1本となった。

「制作側から『こういう話にしろ』っていうのは特になくて、ボクシングジムがファイティング原田さんのところになったのを聞いて、原田さんはファンだったから、ここを舞台にしてね。コーチがクスリをやったりする話だから、よく原田さんとこがやらせてくれたなあと（笑）」（柏原寛司）

その縁もあって、世界王者のファイティング原田自らもジムの会長役でゲスト出演し、セリフも披露している。

上昇する人気、そして終盤へ

第19話「街の灯に桜貝の夢を」は市川森一脚本、恩地日出夫の監督回。ゲストの関根恵子が、オサムとアキラとともにいかがわしい接客をするバーを始めるが、やがて哀しい末路を迎えるという話。この回は、「朝日新聞」のテレビ評で次のように賞賛された。

今夜の「街の灯に桜貝の夢を」は、盛り場のチンピラたちの「ヒモ」論議から始まる。女に食わせてもらう人生こそ、男子の最高の夢などと話し合う。ふざけた内容ではあるが、最近の若者の感情がよく出ている。風俗を取り入れることの上手な、恩地日出夫監督ならではの描写。（1975年2月8日付）

「(新聞のテレビ評で傷天が)『初めて褒められた』って、市川さんはとても喜んでましたよ」(工藤英博)

エロと暴力が氾濫する俗悪番組として、良識派から毛嫌いされていた番組開始当初を思えば、大躍進である。そして序盤では低調だった視聴率も、シリーズ後半でぐんぐん上がっていった。

映画界の大物監督がメガホンを取ったにもかかわらず、当初の視聴率は8%から13%の間だった。後半からはグングンと上昇して18%台になり、女子高校生たちが放送延長を求める会を結成した。

（前掲『東宝見聞録』）

そして、番組に人気が出始めたことによって、今までやさぐれてスタッフの言うことを聞かなかったり衝突したりしていた萩原健一にも、心境の変化があったようだ。

あの辺で少し真面目になったのかな、僕。最後の方だったでしょ。ちゃんと行くようになったの。四、五本目くらいまでかな、ダダこねてたの。松田善二郎さんに説教くらってさ、（遅刻の）ペナルティ払って。高い勉強代だった。

（前掲『STUDIO VOICE』２０００年8月号、萩原健一インタビュー）

第24話「渡辺綱に小指の思い出を」は、東映仁侠《にんきょう》映画を彷彿《ほうふつ》させる賭博場を舞台にした物語。これまでも高倉健や鶴田浩二らが主演した仁侠映画にオマージュをささげたような殴り込み場面などが幾度となく登場した『傷だらけの天使』であるが、まさにそのままのテーマを持ってきた。そして、キーマンとなるヤクザ役には前田吟《ぎん》という意表を突いたキャスティング。当たり役である『男はつらいよ』(テレビドラマ・68〜69年／映画・69〜95年、97年、2019年)の諏訪博《すわひろし》とは真逆のコワモテキャラクターで、強烈な印象を残した。

「『渡辺綱』は市川森一さんの脚本で面白かったね。前田吟さんがノリノリで楽しんでたよね」(岩崎純)

「前田吟さんは『風の中のあいつ』で、ショーケンと下條アトムと3人でずっと旅していくというのをやりましたから。気心は知れてましたね」(工藤英博)

風呂場でオサムの股間に風呂桶《ふろおけ》が引っかかって落ちないという爆笑もののシーンも。これはテグスを使って吊《つ》るしたと、萩原が後に回想している。

「この回で、上野駅で水谷豊が缶を拾ってゴミ箱に捨てるシーンがあるんだけど、それはそういうシーンを撮る条件で、当時はお堅かった国鉄が許可してくれたんです。キャンペーンですよね」（岩崎純）

令和の現代とはロケ地レンタルの条件も違って、昭和は非常に大らかな時代であった。

また、この回の予告編は、これまでサード助監督を務めていた原隆仁が初めて自分で演出を手掛けた。

「ドスを抜くところね、あれは生田スタジオのオープンに時代劇のセットがあったんですよ。あそこで撮影が終わった後に予告編を撮らせてほしいってことで、新たにカットを撮って。結構夜遅くまでになったんですよね。でもなんていうのかな、初めてだったからやっぱり嬉しかったですよね。自分でカットが重ねられるというね。一応拙《つたな》い絵コンテを作って、編集の人に渡しました。カメラは本編の田端《たばた》（金重《かねしげ》）さんがやってくれて。萩原さんも僕の言った通りにやってくれました」（原隆仁）

通常、連続ドラマの予告編というのは、本編で撮影したカットを使って構成するが、「渡辺綱に小指の思い出を」では、原が演出して予告編専用のカットを撮るという贅沢な工程となった。しかし、チーフ助監督の岩崎はこの顛末《てんまつ》についてこう語る。

「原さんも若い、元気のいい奴だったから、『自分に予告編を撮らせてくれ』って直訴してきて。本当はチーフ助監督が作るんだけど、まあやらせてやろうと思って。そうしたら本編が終わった後にセット使って撮るんだけど、萩原さんが泣き入れてきて『あいつダメ出しばっかかするから何とかしてください』って（笑）。それで原さんを呼んで、『お前予告編なんてのはワンカットでいかないと、決めのワンカットを撮りなさい。あれこれ回してもしょうがないんだから』って言ったの。『最後は絶対主役の顔にしろ』と1個だけ条件をつけましたね。ゲスト主役で終わるのはいいんだけど、やっぱり見たいなと思わせなきゃいけないいんだから。予告編を作らせるとその人間の腕がだいたいわかりますよね。みんなそうじゃない、映画会社とかテレビとかでも」（岩崎純）

最終回、そして祭りのあと

初回のクランク・インから、あっと言う間に半年が経った。『傷だらけの天使』最終回のメガホンを取ったのは、萩原健一ともっともウマが合うと評判だった工藤栄一。

最終回は冒頭から不穏な空気が漂う展開になった。謎の大地震、貴子の失踪、落ちぶれて逮捕される辰巳、オサムとアキラの決裂、そしてアキラの死――。ラストが近づくにつれて、不穏さは物哀しさに変わっていく。

最終回『祭りのあとにさすらいの日々を』は市川さんの脚本で、工藤さんが撮った。風邪で死んだ亨に、

「女、抱かしてやるからな」

そう言って、ぼく、修が亨を風呂に入れてやって、身体《からだ》にヌード写真を貼ってあげる。アレは現場で出てきたアイデアではありません。最初からホンに書いてあった。

（前掲『ショーケン』）

また、別の媒体で萩原は、その設定の内幕も語っている。

最終回も、制作費が足りなかったから、代わりに亨にヌードグラビアを貼りつけた

んです。

（中略）

本当は市川さんが「最終回では亭に女を抱かせてやる」と宣言していたんですが、女の人を呼べなかったんです。金がないと、知恵が働く。

（前掲『週刊現代』２０１２年４月21日号、「週現『熱討スタジアム』」萩原健一の証言）

救いようのない展開が続くが、監督の工藤は『傷天』最終回を撮った時の雰囲気をこう語っている。

最終回の時も出だしが地震なんですよね。…あの時、出だし、岸田今日子さんと岸田森ちゃんの２人が屋上で「ギリシャ悲劇で行くぜ」っていう。ギリシャ悲劇って…(笑)。だからここにある台詞《せりふ》を、言い回しをどう変えてもいいから「こういうことだから日本はもう駄目だ」とか「頼る人もいないし」とかそういう要素だけ入れて台詞はまかせる、と。それで森ちゃんはたしか梯子《はしご》を使ったんだな、何で屋上に梯子なんだよっていう（笑）。全然意味はないんだけど「天国にかかる梯子じゃ」とか言ってるんですよ（笑）。（前掲『STUDIO VOICE』２０００年8月号、工藤栄一インタビュー）

このインタビューで工藤栄一は、あの頃の日本という国はおかしくなっていて、腹が立っていたとも語っている。それを踏まえると、オサムがアキラの死体を夢の島に運ぶ直前のシーンで、学生運動の映像がインサートされる構成にもどこか納得がいく。

「学生運動が失敗して、連合赤軍が仲間殺しちゃった頃でしょ。そういう幻滅の後だったし、やっぱり基本的にはしらけていくっていう時代だったんですよね。そこにショーケンのやるせなさっていうのがぴったりはまっていった。一生懸命やっても成功しないというか」（原隆仁）

工藤自身は当時、「何でもかんでもごった煮にしてやれ」という意図でこのデモの映像を入れたと語っている。萩原も自著で、「明確なる意図があってやったことかどうかは何とも言えません」と分析しているが、案外そんな曖昧な空気感からなされた構成なのかもしれない。

「最後のリヤカーを引っ張っていくのはいい画だよね。感動した。やっぱり工藤さんセンスいいよ」（柏原寛司）

柏原の感想と同じく、オサムがアキラの死体をリヤカーで夢の島に運んでいくシーンは、多くの視聴者の胸に残る名場面となった。

こうしてセンチメンタルなラストを迎えた『傷だらけの天使』だが、本編終了後に「おまけ」があった。撮影を終えた萩原健一本人が、ロケバスを追いかけていく映像。

「ラストのショーケンがロケバスを追いかけていくのは本編カメラですね。この当時はメイキングってないから」（原隆仁）

「これはかなり演出的に作ってるよね。工藤さんとショーケンが話し合ってやったんだ」（柏原寛司）

工藤本人は、この「お遊び」的なラストカットについて、次のように語っている。

いつも悲しいお話でタイトルが出ていくと、なんかコイツらのエネルギーが消し飛んでいるみたいな気がしたんですよ。だからラストを撮る時にこういう風にブレイク

して。「カット!」って、バスに乗って「ハッハッハッ」とかって言って、それで終わりって。（同前）

ちなみにこのラストカットの案を考えたのは撮影の前日で、萩原には撮影の時まで内緒にしていたと、工藤は語っている。

最終回の撮影を終えた萩原と水谷豊は、どちらからともなく誘い合って、一緒にサウナに行ったそうだ。

確か、千駄ヶ谷のサウナじゃなかったかな。裸になって汗を流していると、豊ちゃんがつぶやくように言う。

「淋《さび》しいなあ。ホント、淋しいですよ」

うなずいていると、彼がぼくに聞いてくる。

「アニキィー、これからどうすんの？」

「おれ？　休むよ」

（中略）

「そうか。いいなあ」

「豊はどうするんだ？」

（中略）

そんなふうに話し込んでいるうち、つい時間が経つのを忘れちゃって、打ち上げのパーティーに遅刻してしまった。

豊ちゃんも時々、ＤＶＤで最終回を見直して、あそこで終わったんだよな、という感慨とともに、あのサウナでの会話を思い出すのだそうです。（前掲『ショーケン』）

「終盤に行くにつれて視聴率は上がっていって、最終回は19・9％取りましたからね」

（工藤英博）

翌年は、放映を観て東宝に就職したという新入社員が数人いたくらいだ。テレビ・グランプリを受賞し、最多リピート番組になり、「難産で生まれた子どもはかわいい」

との心境になっている。

（前掲『東宝見聞録』）

アバンギャルドすぎて混迷を極めた序盤から一転、路線変更が功を奏し、『傷だらけの天使』は大人気番組となって有終の美を飾った。そしてその後の再放送やソフト化によって、伝説の番組として神格化されていく。

社会の常識に歯向かって、他人とは違うことをやろうとした萩原健一。果たして彼は結果的に大きな成功を収めた『傷だらけの天使』に、満足していたのだろうか。

「外れたところからが俺はいいわけで。ショーケンもそうだと思うんだよ。あいつのマインドとかさ、俺のマインドが通じ合うっていうのは。だからそういう意味では、社会の常識が終わってからの俺たちなんかの作品ごっこだから。そういうのが日本の社会ってのはわかりにくいんだ、生きにくいから」（加納典明）

萩原健一のナイーブな感性を理解し共鳴する男は、『傷天』をこう評した。

「『傷だらけの天使』ってタイトル、誰がつけたか知らないけど、これはいいタイトルだよ。タイトルだけでよし参加したいって思うもん。もっとみんな傷つかなきゃ。生きてる

うちに。傷をよけちゃ駄目だよ。金だろうが、女だろうが仕事だろうが傷つきゃいいのよ」（加納典明）

コラム　こだわりの詰まったファッション

『傷だらけの天使』の印象的なオープニング・タイトル。その中でひときわ目を引く「衣裳デザイナー：菊池武夫」「衣裳協力：株式会社ビギ」のクレジット。海外の映画では、例えばアルフレッド・ヒッチコック監督作品において主演女優の衣装を手掛けたイーディス・ヘッドの名がクレジットされるなど、衣装は作品の大きなファクターとして取り扱われていたが、日本の映像作品でこのようなクレジットがされることは珍しいことだった。これもまた萩原のこだわりが現れた部分と言えるだろう。

菊池武夫は1939（昭和14）年5月25日東京生まれ。資生堂、東レといったメーカーのキャンペーンのコスチュームデザインを手掛けつつ、自らレディースブランド、ビギを立ち上げた。そしてメンズウェアも手掛けるようになった時期に、旧知である萩原主演の『傷だらけの天使』が立ち上がった。

「ショーケンと知り合ったのは、キャンティかビブロスあたりです。年中ではないですけど行っていましたから。ショーケンは月に2、3回、夜にたいていひとりで来ていましたね。お付きはいなくて、もう全く個人的に遊びに来ていました」(菊池武夫)

そして、『傷だらけの天使』の準備段階で、菊池へ協力のオファーがあったという。当時の菊池はテレビドラマを見る習慣はなかったが、萩原の存在には一目を置いていた。

「僕はね、ほかの人と比べたら圧倒的にショーケンがかっこいいと思いました。グループサウンズとか有名人とかの華やかな世界の中でも。ほかにあの時代にかっこよかった人というと、井上堯之さんやザ・テンプターズにいた大口広司ぐらい。広司はものすごくおしゃれでアバンギャルド。裏返して洋服を着るとか、そういうのを平気でやっていましたからね。加藤和彦さんも僕の家に遊びに来たりしていて、お互いに興味を持ったというか」

萩原はビギで入手した洋服を縦横無尽に着こなした。採寸をしてあつらえたものではなく、既製の衣服だったが、少しオーバーサイズと思えるダブルのスーツも、細身の身体になお映える袖の細い三つ揃いスーツも。特にワイシャツの襟を大きく開き丸首のTシャツをのぞかせる着こなしは往時の若者に大きくアピールした。そんなTシャツはなかなか売ってなかったと当時を知る人は振り返る。帽子やトレンチコート、マフラーなども駆使して、スーツを着こなし、また着崩す。その一方でカジュアルな装いもたびたび披露した。テレビや映画では、登場人物の衣装はある程度「お決まり」の格好で統一されるのが（キャラクターを印象づけるためにも）定番だったが、萩原の多彩な着こなしは、やはり先駆的だった。

「当時、スーツは、割と若い人が憧れていた時代でもあったんです。一方でトラッド（伝統的、保守的）なファッション全盛に少し翳《かげ》りが見えた時代。70年代って、僕は全くトラッドとは関係ないところで自由にデザインする、若い人向けのショップをやり出したばっかりだったんです。そういう新しいものをやるのは私だっていうような感覚はあったみたいで、ショーケンも興味は持っていたんだと思います。多分ショーケンって全て衣装だけじゃなくて、作品に対して自分の考えがすごくはっきりしていたと思うんです。『傷だらけの天使』の脚本を見た時に、彼が『多分2、3本やったら駄目になっちゃうんじゃないか』っていうふうに言っていました。だから面白いこと、自分が気に入ることばっかりやってやるんだと」（菊池武夫）

また萩原のみならず、水谷豊、岸田森らも各々個性的なファッションで画面をにぎわす。

「水谷豊さんもなかなか個性的ですよね。豊さんはどっちかというと、トラディショナル。ショーケンとは正反対ですけど、ショーケンは彼のファッションにどうこう言っていないと思いますよ。そして岸田森さんは普段もめちゃオシャレだったんじゃないでしょうか。小柄だけどスタイルも綺麗《きれい》で、いいスーツを着こなしていましたね。自分とは正反対の水谷豊さん、マナーもびしっとしている正統派の岸田森さん、それをしっかり認めながらも違う線を提示するショーケンという3人のバランスがとてもよかったんじゃないでしょうか。ショーケンのそんなところが、なんとなく僕とも合ったんだと思います」（菊池武夫）

『傷だらけの天使』では常に黒のドレスが映える岸田今日子をはじめ、各回を彩るゲストのヒロインたちも印象的なファッションで登場する。フレア気味のパンツやウエストをシェイプしたドレスなど、時折リバイバルする70年代のファッションの魅力には惹《ひ》き込まれてやまない。こうした観点で見返すのも一興だろう。

第5章　『傷だらけの天使』全26話あらすじと解説

第1話　宝石泥棒に子守唄を

脚本：柴《しば》英三郎　監督：深作欣二
ゲスト：真屋順子、坂上忍《さかがみしのぶ》、金子信雄

【あらすじ】木暮修（萩原健一）と乾亨（水谷豊）は、探偵事務所「綾部情報社」の下っ端調査員だ。金も食う物もないが、代々木駅前のペントハウスで自由な生活を謳歌《おうか》している。

情報社社長の綾部貴子（岸田今日子）からオサムたちに仕事が入った。宝石店に強盗に入れという。真の目的は、盗品の宝石を売りさばく組織をあぶり出すことだった。

オサムは骨董品屋《こっとうひんや》のオヤジ（金子信雄）からモデルガンを入手し、首尾よく宝石店強盗に成功するが、走って逃走する時に、タケシという少年（坂上忍）とぶつかってしまう……。

【解説】記念すべき第1話。監督は萩原が登板を熱望したという深作欣二。脚本は柴英三郎。柴は内田吐夢《とむ》監督の映画『大菩薩峠《だいぼさつとうげ》』（57年）でデビューし、後には国民的番組『水戸黄門』（69～2011年）や『大岡越前』（70～99年）を手掛ける脚本家チーム「葉村彰子《しょうこ》」に参加するなどした大御所中の大御所。後年には『家政婦は見た！』（83～2008年）という大ヒットシリーズを手掛けてもいる。

そうした作風と深作の演出も相まって、実にテンポよく進んでいく冒険譚《たん》といった趣である。しかし、後に詳述するが本来は第1話として用意された話ではなかった模様で、設定編としてはレギュラー陣の関係性がわかりづらい面もある。

また拳銃を使用するなど『傷だらけの天使』全体の作風から見ると、少々異質な感もあるが、映画監督がメガホンを取るのが売りの番組のため、当時話題騒然の深作作品を第1話に持ってくるという番組編成上の作戦だったのかもしれない。

『仁義なき戦い』を想起させるようなパロディ要素もあり、オサムに拳銃を渡す怪しげな骨董品屋は同作で山守組長を怪演した金子信雄。レギュラーの計画もあったというが残念ながら実現しなかった。同様に悪徳刑事の海津役で登場する西村晃も最終回を含めて3回の出演にとどまっている。

子役時代の坂上忍が重要な役どころで出演しているのも見どころ。そして彼の母親を演じた真屋順子は『太陽にほえろ！』の名作「危険な約束」で籠城犯を見捨てる女性を演じた女優。後の『欽ちゃんのどこまでやるの！』の印象が強いが、この当時は生々しい女性像を演じることも多かった。

第2話　悪女にトラック一杯の幸せを

脚本：永原秀一、峯尾《みねお》基三《もとぞう》　監督：恩地日出夫
ゲスト：緑魔子、江原達怡《たつよし》

【あらすじ】柴田恵子（緑魔子）という女性の恋人になりすましてガードせよ、という依頼

がオサムに舞い込んだ。

オサムと恵子が歩いていると、怪しげな男たちが現れて、2人を拉致する。男たちは2人を監禁し、「ブツ」の在り処《あか》を聞き出そうとする。恵子は、オサムが知っていると嘘をついた。どうやら恵子は組織を裏切った人物のようだ……。


【解説】第2話にて恩地日出夫監督の作品が登場。岸田森の髪型が第1話と全く変わっているあたり、撮影順と放送順がかなり入れ替わっていることがわかる。脚本の永原秀一と峯尾基三の師弟コンビは石原プロモーションやセントラル・アーツ関連の作品を中心に日本のハードアクションを牽引《けんいん》してきた作家。しかし、ここではゲスト主役・緑魔子とオサムやアキラの切ない逃避行を描いている。撮影は木村大作で、手持ちカメラの躍動感ある映像は健在だ。

緑魔子は華奢《きゃしゃ》な肉体と甘い声、そして必要とあればヌードも辞さない体当たりの演技で小悪魔的女優の先駆け的な存在である。ここでも萩原や水谷より年長であるだけに、お姉さん的なやさしさと甘えたような仕草が同居する何とも言えない色気を放っている。特に後半、オサムとのベッドシーン、傍らで所在なげにうずくまるアキラを「いらっしゃい」

と誘う場面は絶品だろう。この世界観が放送当時、多くのお叱りを受けることになるのだが。ちなみに、冒頭で甲斐甲斐しくアキラがオサムの食事を用意している場面のおかしいこと。オープニングで見せるオサムのガサツな食べ方との好対照が印象的だ。

第3話　ヌードダンサーに愛の炎を

脚本：市川森一　監督：深作欣二
ゲスト：中山麻理、室田日出男

【あらすじ】オサムは浅草のストリップ小屋に裏方として潜入していた。ストリッパーの有明マリ（中山麻理）が実は財閥令嬢で、ヒモの高階忠（室田日出男）と別れさせて、実家に帰らせるというミッションだ。

オサムは色仕掛けでマリに心変わりさせようとするが、上手くいかない。一方辰巳は、元福竜会の矢崎が、新宿の黒姫興業にわらじを脱いだことを高階に伝える。高階はかつて福竜会の幹部で、矢崎は古巣の組を裏切った怨敵だった。高階はマリに、矢崎を殺すと告げる。一方辰巳は、矢崎にも高階が狙っていることを密告していた……。

【解説】 第3話にして市川森一の脚本が登場。浅草ロック座というストリップ劇場でのロケ。現役のストリッパーも多数出演し、あまりのヌードの多さが伝説的に語られる回で、実際、再放送の際には省かれてしまうこともあったが、それもうなずける内容だ。

しかしながら、ストーリーは市川らしいリアルな心情やファンタジックなはかないロマンを感じさせる秀逸なもの。

メインゲストは深作とは懇意の名優・室田日出男。そして中山麻理。中山は当時クールな美貌で人気を博した女優。彼女もストリッパーのひとりとして惜しげもなく裸体を晒《さら》している。室田日出男の俠気《おとこぎ》に惚れ込んだオサムが手助けに行くものの、恐れをなして逃げ出してしまうあたりのリアルさとみじめさは、この『傷だらけの天使』の真骨頂といえるだろう。油が塗られたガラス板を通してカメラが映し出す幻想的な画面の中で結ばれるゲスト・中山麻理とオサム。市川森一の「傷だらけの天使裏話」（前掲『シナリオ』１９７４年12月号）によると監督深作欣二からこんな提案があったという。

「ラストは……修と女が寝たらどうなるでしょうか」

「当り前過ぎると思います」

「フム……、でも寝た方が、面白いのじゃないの?」

「修は、可哀相で終りたいのです」

(中略)

「フム……それじゃ、夢ならどうかな?」

「ユメ?」

「夢で寝るの。哀しくない?」

「(はっと)いけますねッ」


中山が姿を消した翌朝、オサムもアキラも中山とベッドをともにしたと思っている。果たしてそれは現実なのか夢なのか……。市川らしい、はかなくも、どこかおかしみがあるファンタジックな幕切れだが、深作のサジェスチョンもあったとは、実に興味深い。

第4話　港町に男涙のブルースを

脚本：大野靖子《やすこ》　監督：神代辰巳
ゲスト：池部良、荒砂《あれさ》ゆき、田島義文、二見忠男

【あらすじ】千葉・鴨川に流れ着いたオサムが女とセックスしていると、女はオサムの財布を盗んだ。そして女のヤクザ亭主が殴り込んでくる。ふんどし一丁で逃げたオサムは、寂れたバーに入った。そこで、着流し姿の梶俊介（池部良）が酔っ払って絡んできた。ガラの悪い男たちとケンカになり、梶と一緒に逃げるオサム。

梶は愛人のあけみ（荒砂ゆき）とともに、ヌードスタジオを経営していた。オサムはスタジオに泊めてもらうことになる……。

【解説】第4話の監督は、あの神代辰巳。だからでもないだろうが、冒頭からかなり激し

い同衾《どうきん》シーンで始まり、度肝を抜かれる。この時点で、一瞬萩原の尻が映っていたりするが、そこにヤクザが雪崩《なだ》れ込み乱闘に。オサムは股間をお盆で隠しつつ応戦してその姿のまま逃走。道中で自転車を盗んで、ふんどし一丁で冬の鴨川の海へ突っ込む……。いかにも神代的な暗くてよくわからない画面と唐突な展開。萩原も乗りに乗っていることがわかる。

ちなみに手持ちカメラと思《おぼ》しき荒い画面の長回しの撮影は田端金重が担当。岡田晋吉製作の青春ドラマや『太陽にほえろ！』を長きにわたって担当した人物で意外な組み合わせに思えるが、なかなかどうして見ごたえのある映像が続く。

本筋と関係のないところでオサムが海に向かって棒高跳び（?）する場面がインサートされたり、劇中やたらと歌謡曲を皆が口ずさむ趣向も神代ならではのもので実に楽しい。

大河ドラマ『国盗り物語』（73年）や松本清張原作ものを多く手掛けた大野靖子の脚本は、全体的には淋しいストーリーなのだが、ゲストのスマートで甘いマスクの映画スター・池部良や荒砂ゆきが萩原や水谷とじゃれ合うような小芝居を随所で見せているのも楽しい。

荒砂は本名の田原久子として舞台、映画、吹き替えと幅広く活躍した後に、荒砂の芸名に改め、お色気を前面に出した作品にも果敢に出演。この回では一部で彼女の陰毛が映り込み、リテイクになってしまうほどだったという。

なお、本話では本来クールで無情な岸田森扮する辰巳が、なぜかヌードスタジオで荒砂の撮影に夢中になるコミカルな面を見せて笑わせてくれる。以降、辰巳はオサム、アキラとともにトリオともいえるような掛け合いを見せて存在感を強めていく。またこの作品が出会いとなったのか、岸田は神代辰巳監督の秀作ロマンポルノのひとつ『黒薔薇昇天』(75年)にて主演を果たす。

第5話　殺人者に怒りの雷光を

脚本：市川森一　監督：工藤栄一
ゲスト：加藤嘉、松山省二《せいじ》、檜《ひのき》よしえ

【あらすじ】オサムは「浪曲子守唄」を歌いながら、朝の渋谷を徘徊《はいかい》していた。酔っ払って、「ゴキブリ死ヌ死ヌ」のアイドルの立て看板をペントハウスに持ち帰るオサム。ギャラの催促にやって来たアキラから、このアイドルと20万円でヤレると聞いたオサムは、綾部事務所に営業電話をかける。

しかしオサムは、調査員仲間の満男から、同じく仲間の信夫が毒殺されたことを聞かされる。信夫は元ボクサーで用心深い男だったが、練習の前にかじったレモンに毒を入れられたのだ。

満男たちは、自分らが麻薬ルートを探っている千羽矢組の仕業ではないかと疑う……。

【解説】 工藤栄一監督が初登板した第5話。重要な小道具である「ゴキブリ死ヌ死ヌ」の等身大パネルを思わず持ち帰ってしまうオサム、撫《な》でまわすアキラの仕草のおかしさといったらないが、ポスターとか絵画に思わず入れ込んでしまう、というのは脚本・市川森一が好んでモチーフにしていたもので、これもまた都会で孤独に生きる若者たちの心情を仮託したものといえるだろう。

それに対して事件の本筋は妄執に囚《とら》われた女性の連続殺人という、これもまた過剰な思い入れが生む悲劇となっており、市川の世界観や人間観が色濃く表れているのではないだろうか。随所にクスリと笑わせる場面をおりまぜつつも、どこか毒や悪意を感じさせるストーリーラインは市川森一の真骨頂かもしれない。

本話では、綾部情報社のオサムやアキラ以外の調査員たちが登場する。かなり大規模な悪事にも手を染めているという設定なので、当然なのかもしれないが、そうした面々が登場するのはこの回だけだ。また冒頭でオサムが銃の手入れに精を出すという珍しい場面もあり、彼の仕事が堅気のものでないことをさりげなく描写している。調査員の面々とオサム、アキラはそれなりに絆があるように描かれているので、こうした面々ももっと登場するという方向性もありえたのかもしれない。もっとも萩原と水谷のコンビネーションは回を重ねるごとに強力になっていくので、そうした要素は入り込む余地がなかったとも思えるが。

ちなみに調査員のひとりとして出演している松山省二（現・政路）は『太陽にほえろ！』の第2話でマカロニに恨みを持つ爆弾犯役として共演していた。さらに言うと岸田森とは名作『怪奇大作戦』（68～69年）でともにレギュラーを務めていた。この回のホラー調の演出を見るとどうしても同作を想起してしまう。

第6話　草原に黒い十字架を

脚本：山本邦彦　監督：神代辰巳
ゲスト：高木均《ひとし》、大村千吉、苅谷《かりや》俊介

【あらすじ】オサムは、美術館で名画「6月のマドンナ」を偽物とすり替えるミッションを受ける。国際的な絵画窃盗団から絵を守るための、保険会社からの依頼だった。
すでに美術館の守衛として潜入していたアキラの手引きで絵をすり替えようとするが、本物の「6月のマドンナ」は、謎の少女・ナツメが持ち去っていた。警報機が鳴り、オサムは警備員たちに追われるが、そこに現れたナツメに助けられる。オサムは逃げるが、アキラに証言されて指名手配されてしまう……。

【解説】神代辰巳監督の2作目。撮影・田端金重などスタッフもほぼ同様の布陣。前作の鴨川あたりの裏寒そうな漁村のロケーションに対して、こちらは一転して緑豊かな山林の風景の中で、ナツメ役の少女も交えたオサムとアキラの逃避行がロードムービー風に描かれる。

息子の健太から送られた自身と母の画（母の顔には目鼻口がない）に嬉しそうに、悲しそうに見入るオサム。盗まれた絵画に母の面影を見る少女。さらにいつかは幸せに家族を持って暮らしたいと願うアキラという人物の配置が絶妙だ。

そんな彼らの交流の道具立てとして用いられるアドリブ的な会話のやり取りや突発的な下ネタギャグ、ベビーカー（手押し車？）などの小道具。廃屋などの風景も効いているし、キャンピングトレーラーを牽引した車に乗り込み「オーママ、ママ〜」とザ・テンプターズの代表曲「おかあさん」のフレーズをオサムとアキラが延々と歌い続けるどこか自虐めいたものを感じさせるシーンもおかしみに満ちている。音楽は番組用に作られたものはほとんど使われず、クラシック音楽からの流用が主。アクション的な場面もあるものの、とにかくオサムとアキラの掛け合いが主体という回で、なにやら心地よささえ感じるのどかさが全編を覆う。それだけに悲劇的な結末のショックは大きい。夕日を背景に延々と穴を掘り続けるオサムとアキラ、そして十字架……。シリーズの中でも大きな感銘を残す1本と言って間違いない。

第7話　自動車泥棒にラブソングを

脚本：市川森一　監督：恩地日出夫
ゲスト：川口晶、高橋昌也《まさや》、蟹江敬三

【あらすじ】オサムは綾部貴子から、自動車窃盗団に潜入するミッションを受けた。
　オサムがおとりの自動車をエサに見張っていると、アキラが現れて盗んだ。アキラの車をオサムが追跡していると、途中で女が運転する赤い車がぶつかってきた。その女・徳子（川口晶）は、自動車窃盗団のボス（高橋昌也）の情婦だった。そして、ボスは貴子ともつながっていた……。

【解説】実は当初、第1話として想定されていたのがこの回だという。冒頭のオサムとアキラのやり取り、綾部事務所や海津警部の言動など、『傷だらけの天使』の主だった要素がわかりやすく配置されている。

堅実に生きようと求人広告に惹かれるアキラ。それがそもそも今回の事件の発端であり、オサムもアキラも関知せぬところで陰謀が動き、それに振り回され、敗北する2人。ヒロイン・川口晶の残酷な最期も知らぬまま、彼女に会うために笑顔でペントハウスを飛び出していくオサムの姿が何とも切ない。

後年発表された脚本集の中で、市川森一は本作の脚本のト書きにある「鳩のフン」が『傷だらけの天使』の本質と回顧している。鳩のフン＝平和のフン。1970年代の繁栄がたれ流したフン。本作はそれを体現するようなエピソードで、明るくコミカルな表層からは思いもよらぬほど、後味は重い。

後に『傷だらけの天使』の出色の出来の漫画版を執筆することになるやまだないとが「一番好きな作品」として挙げた逸品だ。

第8話　偽札造りに愛のメロディーを

脚本：柴英三郎　監督：工藤栄一
ゲスト：有島一郎、田辺節子

【あらすじ】オサムとアキラは、偽札事件の調査の依頼を受ける。アキラは、偽札を使った音大生の萌子（田辺節子）に近づく。萌子はクラブでピアノを弾いていた。

萌子はオサムを自宅マンションに誘い、色仕掛けをしてきた。オサムが偽札のことを直接問いただすと、萌子には中川（有島一郎）というパトロンがおり、その男に金を渡されたという……。


【解説】第1話に続き、柴英三郎が脚本を担当。オサムが愛聴するのが浪花節《なにわぶし》であったり、夜の世界に戻っていくヒロインに、組織に反発して死んでいく偽札職人と、悲劇的なエンディングを迎えるのは相変わらずだが、オサムとアキラがクライマックスで大乱闘を繰り広げるなど、やはりアクションドラマ調で描かれているのは市川森一の作風との大きな違いだろう。密告する際に辰巳がなぜかオサムの口調を真似ているのが何ともおかしい。

メインゲスト・有島一郎は加山雄三主演『若大将』シリーズ（61～71年）や、森繁久彌《ひさや》主演『社長』シリーズ（56〜70年）などでユーモアとペーソスにあふれた芝居を見せた名優である。

第9話　ピエロに結婚行進曲を

脚本：市川森一　監督：児玉進
ゲスト：滝田裕介、志摩みずえ、水上竜子《みずかみりゅうこ》

【あらすじ】競馬で負けてすっからかんになってしまったオサムに、アキラが怪しげな仕事を紹介した。それは、ある男と会い、その依頼を受ければ１００万円もらえるというものだった。

半信半疑で指定された公園に出向いたオサムは、そこで依頼人の磯崎（滝田裕介）から、妻を殺してほしいと言われ、前金として50万円を渡された。

オサムは実行に移さなかったが、磯崎の妻は何者かに殺害され、そのことが新聞に出た。

さらに、ペントハウスに報酬の50万円が届き、オサムはビックリする……。

【解説】メインゲストの滝田裕介はテレビ黎明期、ドラマ『事件記者』(58〜66年)で人気を博し、現代劇時代劇問わず活躍した名バイプレーヤー。

突然の殺人依頼というプロット。それに綾部貴子の結婚という事態にレギュラーのオサム、アキラ、辰巳が狼狽《ろうばい》しまくるという展開が面白い。さらに事件の真相は、愛をこじらせた女性の執念という、市川森一のテイストが炸裂《さくれつ》している。ところで、本作においてアキラは滝田の愛人と同衾。彼女からも寝た旨の発言があるが、果たして? アキラの活躍場面がこのあたりからだいぶ多くなってくる。

第10話　金庫破りに赤いバラを

脚本:渡邉由自　監督:鈴木英夫

ゲスト:小松政夫、川崎あかね、浜田寅彦《とらひこ》、加納典明

【あらすじ】オサムとアキラは辰巳から金庫破りの依頼を受ける。奈雲電気の社長室に忍び込んで、重要書類を盗み出せというのだ。オサムたちが侵入して仕事をしていると、別の男たちが乱入してきて、金庫の中身を奪った。追いかけて捕まえた男・一平（小松政夫）が持っていたのは、書類ではなく金だった。アキラが社長室に戻ろうとすると、警備室で守衛が殺されていた。

この事件はニュースになり、オサムとアキラは重要参考人にされてしまう。しかしこの話の裏には、奈雲電気内部の権力闘争があるようだ。オサムは嫌疑を晴らそうと、一平の金庫破り仲間の藤本という男を探すが、藤本はアパートで殺されていた……。

【解説】ゲスト・小松政夫の好演が光る1本。アキラが足袋を繕うなんてシーンも楽しい。小松は後に『前略おふくろ様』（75～77年）においても萩原と息の合った演技を見せるが、撮影中の萩原とのやり取りは緊張感にあふれるものだったと『ショーケン　天才と狂気』で述懐している。

殺し屋役の加納典明はなぜか、番組の宣伝やテーマ曲のシングルレコードジャケットに使用された写真に相通じる体《てい》で現れる。この辺の遊び心も『傷だらけの天使』ならではで

ないか。

第11話　シンデレラの死に母の歌を

脚本：渡邉由自　監督：土屋統吾郎
ゲスト：服部妙子《たえこ》、川村真樹、平田昭彦、浦辺粂子《くめこ》

【あらすじ】オサムは息子の健太のためにプラモデルを買った。しかし貴子から依頼を押し付けられて、健太に会う約束を破るハメに。

依頼人は伊豆の山林王・上杉。彼は重病のため、20年前に誘拐された孫娘を相続人にするために探しているのだ。２人の女性が上杉の孫娘だと名乗り出ており、オサムとアキラが、どちらが本物なのかを調査することに。アキラはホステスをしている松原初子（川村真樹）に近づいて、彼女の部屋に連れ込まれる。一方オサムは事務員の村山初江（服部妙子）をデートに誘うことに成功するが……。

【解説】2人の遺産相続人候補。いずれが本物かの確証をつかもうと、オサム、アキラが各々にアタックする。スケジュールの都合などもあるだろうが、アキラの存在感がますます上がってきている。また、辰巳が再びオサムの真似を披露するのだが、今回はオサムの革ジャンや腹巻きを着けて、松原のもとに赴くなど悪乗りがすごい。

全編コミカルな場面が多いが、最終的には皆が不幸になる。女性たちはもちろん、オサム、アキラ、辰巳の3人ともがボコボコにされている。

なお、おばあちゃん役の浦辺粂子は大正時代から活躍したベテラン女優。後年にはバラエティ番組で軽妙なトークを披露したり、物まねの対象になるなど「おばあちゃんアイドル」として親しまれた。

第12話　非情の街に狼の歌を

脚本：鎌田敏夫　監督：児玉進
ゲスト：土屋嘉男《よしお》、清川新吾

【あらすじ】アキラは由起という女性と新婚旅行を装って、熱海に潜入する。由起の夫で商社マンの松村（清川新吾）は、表沙汰にできない会社の金1億4000万円を横領し姿を消していた。今回のミッションは、松村の捜索だ。

一方、オサムは8000万円が入ったバッグを持ったまま、車に轢《ひ》かれ入院。オサムが動けないので、貴子は辰巳に松村追跡の命令を下す。辰巳は熱海でアキラと合流し、辰巳自身が大金を横領した犯人になりすまして、犯罪者の逃亡を幇助《ほうじょ》するグループを探すが……。

【解説】冒頭でオサムが交通事故に遭い、いきなり退場。萩原のスケジュールの都合と思われるが、代わりに人気と存在感を増してきた水谷豊と岸田森が大活躍する。

東宝特撮の常連・土屋嘉男扮する逃亡請負屋が命がけで依頼主である商社マンをかばう姿と、持ち逃げした男の情報を聞き出すために瀕死《ひんし》の土屋を傍観する辰巳の仕事に対するスタンスが対照的だ。だが、そのことをオサムにとがめられた辰巳は、保身に走り会社に詫《わ》びを入れて復帰した松村に一矢を報いようとする。だが……。

言葉に詰まる辰巳の思いをアキラが代弁するシチュエーションは爆笑もので必見。

第13話　可愛いい女に愛の別れを

脚本：高畠久、山本邦彦　監督：土屋統吾郎
ゲスト：吉田日出子、加賀邦男、田口計《けい》、加茂さくら

【あらすじ】貴子は倒産した東西キャメラの債権者会議代表と会談していた。犬山社長の偽装倒産の証拠と、社長が着服した隠し財産の25億円を引き出すというのが、今回の依頼内容だ。

オサムとアキラは犬山の令嬢・昭子（吉田日出子）を誘拐し、ペントハウスに連れてきた。昭子は完全なお嬢様で、全くの世間知らずだった。

一方辰巳が犬山社長を訪れ、昭子が身に着けていたアクセサリーを見せる。辰巳は、昭子が自ら姿を消し、犬山が真相を話さないと自殺する可能性もあると脅した……。

【解説】自由劇場の吉田日出子が世間知らずにもほどがあるお嬢様を好演する本作。彼女がアキラとはしゃいで見入るテレビ番組は、当時日本テレビで人気だった番組『金曜10時！ うわさのチャンネル!!』。和田アキ子、せんだみつお、徳光和夫らとともに出演していたのが、プロレスラーのザ・デストロイヤー。徳光に4の字固めをかける場面が印象的だった。オサムたちがそのザ・デストロイヤーのマスクをかぶって「静かな湖畔」を輪唱したり、3人麻雀に興じる姿は爆笑もの。

聞き込み先でタバコをくすねるアキラや、ギャラをピンハネする辰巳。そしてコロッケを準備して待つオサムと、コミカルで各キャラの優しさにあふれるエピソードだが、最終的にはオサムがアキラに自分たちの無力さを言い聞かせる場面に至るのが切ない。

第14話　母のない子に浜千鳥を

脚本：市川森一　監督：恩地日出夫
ゲスト：桃井かおり、正満卓也

【あらすじ】大晦日《おおみそか》。アキラがペントハウスに来ると、オサムはスーツに着替えていた。貴子からボーナスをもらったオサムは、息子の健太（正満卓也）に会いに千葉の田舎に帰省するという。

千葉の祖母に話を聞くと、健太はオサムの妻・菊江の姉である照代（桃井かおり）が面倒を見ているという。照代は北陸の温泉町で「浜千鳥」という料理屋をやっているらしい。アキラも合流し、オサムは健太に会うために北陸へと向かう。現地へ行ってみると、照代は健太を自分の子として育てていた……。

【解説】これまで写真やセリフでのみ、頻繁に登場していたオサムの息子・健太が初登場。故郷へ戻るという設定だが、正月らしい飾りを買って街を歩くというのは現代の都会ではあまり見られない光景ではないだろうか。オサムが仕送りしていたというのも明らかになる。故郷に帰ろうとするオサムを引き留めるアキラがいじらしい。

メインゲストは萩原とは共演も多い、桃井かおり。皆が故郷に錦を飾ろうとする。しかし、嘘で飾り立てているという切ない構造だ。アキラは健太に大きくなったねえ、と声をかけているが面識があったのだろうか。

紅白歌合戦を見たがるアキラ。テレビの故障が結局直らないというあたりもしけている感じがよく出ている。また、さりげなく地方都市での売春の実態を匂わせているのが本作らしい。去り際に餞別《せんべつ》を渡すオサムも、また嘘を交えつつであった。恩地日出夫監督は、この後桃井とは映画『生きてみたいもう一度　新宿バス放火事件』（85年）、テレビドラマ『女検事　霞《かすみ》夕子』シリーズ（85～93年）などで組むことになる。

第15話　つよがり女に涙酒を

脚本：篠崎好　監督：恩地日出夫

ゲスト：松尾和子、熊谷俊哉《としや》、稲葉義男、渡辺文雄

【あらすじ】島岡財閥の養子の信彦（熊谷俊哉）が誘拐され、身代金5000万円を要求された。信彦救出のミッションを受けたオサムは、彼の通う学校で聞き込みを開始。すると

信彦は、年上のキャバレー歌手・ミツコ（松尾和子）という女性と付き合っているという情報が。島岡（稲葉義男）に訊《たず》ねると、そのミツコのことは知らないという。

オサムとアキラはミツコが歌っているキャバレーにボーイとして潜入。一方島岡はミツコをキャバレーに訪ね、信彦と会っていることを詰問する。実はミツコは、信彦の生みの親だったのだ……。

【解説】 ムード歌謡の女王とも呼ばれた松尾和子がメインゲスト。彼女の歌が大きくフィーチャーされ、ビクター芸能株式会社の名がオープニングにクレジットされる。彼女はこの当時、熟女キャラ的な存在で、人気が再燃していたという。

いわゆる狂言誘拐を扱ったエピソードだが、母の側にはオサムが肩入れし、息子の側にはアキラが肩入れする。子供の誘拐事件と聞いて即、自分の息子である健太のことを思い出すオサム、孤児院育ちの過去を独白するアキラ。2人の立場、関係が鮮やかに表現されている。そして、アキラを諫《いさ》めるオサムを「まるで辰巳のよう」と表現するあたりもレギュラー陣の関係を再認識させる。

悪役に稲葉義男、渡辺文雄といった個性派が揃っているのも実に楽しい。松尾和子も逃走中に急におんぶされたり、ノッて演技をしていることが伝わる。

第16話　愛の情熱に別れの接吻を

脚本：鎌田敏夫　監督：鈴木英夫
ゲスト：高橋洋子、山下洵一郎《じゅんいちろう》、加賀ちかこ

【あらすじ】オサムとアキラはディスコにナンパ目的でやって来た。オサムは一見女子大生風の桃子（高橋洋子）と知り合い、ホテルで一夜を過ごす。オサムは別れようとするが、桃子は後をついてくる。オサムは走って振り切った。

一方、小島製鋼の社長の愛人・恵子が失踪した。彼女はホストの勝部（山下洵一郎）と関係があったらしい。貴子から依頼を受けたオサムは、ホストクラブに潜入する。そこでも桃子がつきまとってくるが、オサムは客の淑子（加賀ちかこ）にぞっこん惚れられ、車でレストランに。淑子が車中でオサムにキスするところを目撃した桃子は、翌日淑子を絞

め殺す……。

【解説】オサムにストーカー的につきまとう高橋洋子扮する少女。オサムのことを独占しようとする歪《ゆが》んだ愛情。さらに、オサムとアキラが調査する愛人の失踪騒ぎもまた独占欲が生んだものだったという展開が秀逸な1本。鎌田敏夫の脚本は時に暴走しがちな思いのたけ、一方通行の愛を鋭く描写している。死体の冷蔵保存という猟奇的な趣向も鋭い。

なお、冒頭のディスコシーンでかかる曲は、矢沢永吉、ジョニー大倉が在籍したロックンロールバンド・キャロルの「ヘイ・タクシー」。1972(昭和47)年の末にデビューしたキャロルはリーゼントにレザーの上下という初期ビートルズ風のルックスとポップでキャッチーなメロディとワイルドなサウンドで若者たちの注目を集めていた。アキラのリーゼントにスカジャンや革ジャンといったファッションは、当時としては時代遅れのものと脚本家たちは認識していたようだが、このキャロルや73年デビューのダウン・タウン・ブギウギ・バンドなどロックンロール・リバイバル的な空気が高まっていたようだ。矢沢永吉の著書『アー・ユー・ハッピー?』(日経BP社、2001年/角川文庫、2004年)には萩原健一がキャロルを見物に来た時の様子が記されている。

第17話　回転木馬に熱いさよならを

脚本：高畠久、渡邉由自　監督：鈴木英夫
ゲスト：中原早苗《さなえ》、江夏夕子、橋本功《いさお》、遠藤剛《ごう》、福田豊土《とよと》

【あらすじ】オサムとアキラは、ある遊園地を運営する会社に社員として潜入し、内部で騒ぎを起こそうとしている首謀者を探し出すミッションを受ける。調べてみると、現社長・久美子（中原早苗）の出した新事業計画に反対する施設部長の新田（橋本功）が怪しい。しかしオサムとアキラが現場で聞き込みをすると、新田は社員たちから人気があり、逆に評判が悪いのは社長のほうだった。オサムが久美子の妹・マサ子（江夏夕子）に話を聞くと、マサ子が新田と深い関係にあることがわかり……。

【解説】今はなき多摩川園遊園地を舞台に、会社内の内紛を探るエピソード。全話の中でも陽性な印象で、ある意味異色作といえる。コミカルな演出、演技は常のことだが、普段

なら完全に金儲け《かねもう》のためだけに動く辰巳がオサムらの願いを聞き入れ、真相を暴露するという展開も意外だ。オサムとアキラの、報告書を書く際の漢字のやり取りや、「そろそろ歌うたえば」のやり取りもおかしい。

それにしても、公園でふざけているかと思えばさっとクールな表情を見せる岸田森の演技の小気味がいいこと。深作欣二夫人でもある中原早苗が女社長、ヒロイン的存在の妹に目黒祐樹夫人である江夏夕子、オサムとアキラに目をかける施設部長にテレビドラマ黎明期の名作『若者たち』（66年）で人気を博し、幅広い役柄で活躍した橋本功など多彩な顔触れが揃う。なお、遊園地の同僚に若き日の磯部勉の姿も確認できる。

第18話　リングサイドに花一輪を

脚本：柏原寛司　監督：児玉進

ゲスト：中谷一郎、今井健二、ファイティング原田

【あらすじ】オサムとアキラはボクシングジムに練習生として潜入する。ジムを立《た》ち退《の》かせるため、評判を落とすというのが今回の依頼だ。オサムたちは道端でサラリーマンの集団にケンカを売るが逆襲され、ピンチのところをトレーナーの工藤（中谷一郎）に助けられる。その後、工藤は練習中に苦しみ出し、わき腹を押さえてうずくまってしまう。オサムは工藤が痛みを抑えるため、モルヒネを打っているところを目撃する……。

【解説】今回の撮影協力はトーア・ファイティングボクシングジム（現・ファイティング原田ボクシングジム）。オサムとアキラが潜入し、アキラのほうが筋がいいと認められてしまう展開。水谷の強靭《きょうじん》そうな体を見ると、さもありなんと思わされるものがある。ちなみに、水谷は後の『大都会ＰＡＲＴⅡ』（77〜78年）や『探偵物語』（79〜80年）にゲスト出演した際にもボクシング経験の話題に触れていた。このストーリーと何か関係あるのだろうか。いずれもショーケンと『傷だらけの天使』を強く意識していた松田優作出演作である。

ゲスト陣は岡本喜八監督作品の常連で、『水戸黄門』の風車の弥七役でもおなじみの中谷一郎。東映映画や往時の刑事ドラマで悪役としての個性をいかんなく発揮した今井健二など男くさい面々が出揃った。オサムの背後に村田英雄の「人生劇場」が流れるのも効果を上げている。その反面、ペントハウスに『時計じかけのオレンジ』のポスターが貼ってあるあたりとの落差が楽しい。

第19話　街の灯に桜貝の夢を

脚本：市川森一　監督：恩地日出夫
ゲスト：関根恵子、森幹太《かんた》、阿藤海《かい》、大口ひろし

【あらすじ】アキラが新宿の居酒屋で飲んでいる。アキラの座るカウンターには女のヒモをやっている男たちが居並んでいた。アキラは、男たちのヒモ談議に嫌気がさす。そこへアキラの恋人のホステス・明美（関根恵子）がやって来て、アキラは一緒に帰る。

アキラは明美との結婚を考えていたが、オサムの存在がネックだ。一方の明美もアキラにぞっこんだった。2人はペントハウスを改装して、「絨毯《じゅうたん》バー」を経営することを思いつく。客引きをするのはオサムとアキラだ。明美の人気もあってバーは繁盛するが、それ

につれて、明美とアキラの間に距離ができるようになり……。

【解説】冒頭、アキラにヒモの道を説くのはザ・テンプターズのメンバーでもあった大口ひろし（広司）、阿藤海などの面々。またメインゲストは『太陽にほえろ！』をはじめ多くの作品で萩原と共演した関根（現・高橋）恵子といった面々。

盗撮というミッションのためか、加納典明の名前が出てきたり、登場しない綾部貴子を揶揄《やゆ》するような発言があったりと出演者たちはかなりオフビートに遊んでいる。特に負傷したアキラが綾部事務所で手当てを受けている時のオサムや辰巳とのやり取りは絶品だ。しかし、この回もまた不幸極まりないエンディングを迎え、やるせなく終わる。復讐《ふくしゅう》を遂げようとするアキラを「人殺しを教えた覚えはない」と制止しつつ、泣きじゃくるアキラを辛そうな顔で抱くオサム。ここにも彼らの無力さ、無念さが強調される。

第20話　兄妹に十日町小唄を

脚本：篠崎好　監督：児玉進

ゲスト：渡辺篤史《あつし》、伊藤めぐみ、犬塚弘

【あらすじ】オサムが夢から覚めると、ペントハウスの入り口に「健一」という赤ん坊が捨てられていた。オサムたちは子供を警察に届けず、独自に親を探そうとする。しかしすぐに力尽き、小児科医院の前に子供を置いて逃げる2人。いったんペントハウスに戻るが、急に気になってまた医院まで戻る。すると小児科医の藤田（犬塚弘）夫妻が健一を養子として引き取りたいと言い、辰巳を通じて親の調査をオサムとアキラに依頼する。赤ちゃんがくるまれていた衣類には、「カエル堂」のロゴがついており、オサムはいつカエル堂で出荷されたのかを調べる。その間にも、オサムとアキラは子育てに奮闘するが……。

【解説】冒頭どういうわけだかオサム、アキラ、辰巳がチンドン屋のような風体で捕り物をするというすさまじい幻想場面があり、3人のコンビネーションが実に合っていることがわかる。ペントハウスに置いていかれた赤ん坊を一度は医院前に放置しようとするもすぐに引き返すあたりも味だ。赤ちゃんをあやすのに四苦八苦しつつ放送禁止用語（?）スレスレのギャグをかますあたり実に面白い。

赤ん坊の親探しにいつしかオサムやアキラと知人の寿司職人の兄妹の物語が絡んでくる。寿司職人は子役時代からあまたの映画、ドラマで活躍してきた渡辺篤史。近年のナレーターやレポーターとしての活躍しか知らない人には、往時の演技の数々は新鮮ではないだろうか。また、クレージーキャッツの一員として一世を風靡《ふうび》した犬塚弘も登場。ストーリーは悲劇だが、辰巳がうまく報告書をまとめたというくだりに救いを感じられる。

第21話　欲ぼけおやじにネムの木を

脚本：宮内婦貴子《ふきこ》　監督：工藤栄一

ゲスト：内田朝雄、武藤章生《しょうせい》、下川清子、亀渕友香《ゆか》、根岸一正、笠井《かさい》うらら

【あらすじ】辰巳はオサムに、ハイウェイ成金の松本吉次郎（内田朝雄）の裏預金について調べるように依頼される。吉次郎はボケており、どこに預けたかを忘れてしまっていた。一方、贅沢三昧をしている吉次郎の子供たちは、それぞれ吉次郎の通帳の行方《ゆくえ》を探してい

る。

ある日吉次郎の部屋に泥棒が入った。通帳と印鑑だけを探したらしく、何も盗られてはいなかった。兄妹たちは、お互いが犯人だと言いがかりをつけて争う。

オサムが吉次郎の通っていたトルコ風呂で聞き込むと、ほかにも通帳の行方を聞いてきた人間がいたそうだ……。


【解説】冒頭オサムが聞き入る歌は西川峰子の「あなたにあげる」。この選曲のセンスがいかにもという印象。すっかりもうろくしたという触れ込みのハイウェイ成金の老人には内田朝雄。軍艦マーチに興奮し、ラバウル小唄を熱唱する悪乗りの熱演が楽しい。また大柄のお手伝いさんを演じる笠井（現・千）うららも異色のヒロインとして強い印象を残す。ゴスペルシンガー・亀渕友香が顔を出しているのは音楽好きの監督・工藤栄一の意向か。彼の演出ではレギュラーもゲストも伸び伸びやっていることが伝わり呼吸もいい。

アキラからの誕生日ケーキを手に仕事を押し付け去ってしまうオサム。天照大神《あまてらすおおみかみ》を「てんてるだいじん」と読む有名なギャグをかまし、エンジェルビルの屋上を「ここは元々ビアホールで……」などとドラマ外の事実を持ち出してくるアキラがおかしい。辰巳は綾部貴子の声真似をしたりとやりたい放題なことが伝わる。そんなやりたい放題の中でも戦中派の心情や、貧しい若者の憤りが交錯する構成は見事だ。

第22話　くちなしの花に別れのバラードを

脚本：篠崎好　監督：児玉進
ゲスト：篠ヒロコ、久保明、家弓家正《かゆみいえまさ》

【あらすじ】オサムと辰巳は、結婚式場から花嫁を略奪するミッションを遂行した。花嫁は華道藤宮流の家元・葉子（篠ヒロコ）。依頼した藤宮流の事務員の瀬川（久保明）は、自分の息子を無理やり葉子と結婚させようとする理事長（家弓家正）の陰謀を暴こうとしていた。葉子が拉致されたことで、理事長は結婚式を中止し、マスコミに対する緘口令《かんこうれい》を敷く。

葉子をペントハウスにかくまわせた辰巳は、彼女のことが気になり、いろいろと世話を焼く。一方アキラは新人事務員として藤宮流事務所に潜入。オサムは葉子の希望で、一緒に乗馬を見に行く。葉子はかつて乗馬中に落馬して障害が残り、それで車椅子生活となっていたのだ……。

【解説】 花嫁略奪のミッションだが、遂行するのはオサムと辰巳。なぜか外されるアキラがむくれているのがおかしい。略奪される花嫁を演じるのは、はかなげなたたずまいが印象的な篠ヒロコ（現・ひろ子）。金に目のくらんだような世界とは無縁の、オサムやアキラたちの自由に憧れる篠。彼女にオサムも辰巳も恋をしてしまう展開はほほえましくもあるが、やはり最終的には騙《だま》され、すれ違っていくという悲劇の構図は相変わらずのもの。絆を象徴するかのようなビー玉の扱い方が見事だ。

失恋した2人がアキラも交えて、なぜか、延々と長回しでオクラホマ・ミキサー（フォークダンス）を踊るのが、こっけいでありつつもどこか物悲しい。

第23話　母の胸に悲しみの眠りを

脚本：田上雄　監督：工藤栄一
ゲスト：下條アトム、根上淳、西尾三枝子

【あらすじ】オサムは多摩川で自殺した女子工員・高木チヤ子の件を調べるミッションを受ける。チヤ子は結婚を控えて有頂天になっており、自殺の可能性は低いという。オサムとアキラはチヤ子が勤めていた中光産業の工場に潜入し、彼女の同僚たちに聞き込みを開始。次にチヤ子の男を寝取ったと噂になっている西広美（西尾三枝子）を当たるが、追い返される。広美の部屋には中岡光一（下條アトム）という男がいた。彼は中光産業の中岡工場長の息子だった。

その夜、オサムとアキラは何者かに路上で襲われる。辰巳が逃走した車のナンバーを調べたところ、中岡光一が浮上する……。

【解説】仕事にあぶれたのだろうか、冒頭オサムはやせこけたメイクで腹をすかしている。この辺も工藤栄一監督ならではの遊びか。オサムが、漢字が読めないというギャグもことさらに強調している。アキラも聞き込みの際に女子工員を押し倒しそうになったり、オサムに浣腸《かんちょう》されたりとやりたい放題の内容だ。綾部貴子も辰巳をステッキでいびりつつ絶妙な掛け合いを見せてくれる。

夜道で襲撃されるあたりでは工藤栄一監督らしい濡れた夜道の美しい場面も見られる。

ゲストの下條アトムは『風の中のあいつ』（73～74年）でも萩原や工藤監督と組んでおり、なかなか息の合ったところを見せてくれる。ヒロイン・西尾三枝子は日活アクションなどで活躍した女優。新宿のバー勤めという役柄がよく似合う、どこかけだるい雰囲気を醸している。

第24話　渡辺綱に小指の思い出を

脚本：市川森一　監督：児玉進

ゲスト：前田吟、坂口良子《りょうこ》、吉田義夫、富田仲次郎、長谷川弘、天本《あまもと》英世

【あらすじ】オサムはイカサマ花札の名人から、厳しい手ほどきを受けていた。銀竜会幹

部の村田（前田吟）から、自分の組の賭場でイカサマをやれという依頼なのだ。

一方、田舎から上京した加代子（坂口良子）がペントハウスに電話をしてくるが、オサムは不在。訪ねてきた加代子に、留守番のアキラが対応する。加代子は明後日結婚するとのことで、その前に、ひと目オサムに会いたいという。

アキラはオサムが世話になっている銀竜会の親分宅まで加代子を案内した。オサムは子供の頃に、加代子をお嫁さんにすると約束していた。加代子は結婚をやめ、オサムと一緒にいたいと告白する……。

【解説】 今回のゲスト、前田吟も『風の中のあいつ』で萩原と共演したひとり。山田洋次監督作品や橋田壽賀子ドラマなどでの実直な役どころの印象が強いが、若き日には『仁義なき戦い　広島死闘篇』（73年）にも出演するなど、アウトロー的な役柄も巧みにこなす演技派だ。この回ではこれ見よがしなヤクザ風メイクで笑いも取りつつすごみを利かせている。ヤクザの組長には富田仲次郎、吉田義夫といかにもなキャスティングがなされているのが嬉しい。イカサマを伝授する長谷川弘、彫り物師の天本英世もたまらない。オープニングにクレジットされる霞涼二は邦画スターの入れ墨メイクといえばこの人というべき人物。

　そうしたバイプレーヤー陣の豪華さとともに忘れられないのが、ヒロイン・坂口良子だろう。往年の『サインはV』（69～70年、73～74年）などでアイドル的な人気を博し、この当時のアクションドラマにもあまたの作品にゲストとして華を添えた。公園でのオサムやアキラとのじゃれ合いには時代もなにも超越したような可愛らしさがある。

第25話　虫けらどもに寂しい春を

脚本：宮内婦貴子、大野武雄　監督：工藤栄一
ゲスト：小松方正、根岸明美

【あらすじ】綾部貴子は学生時代の友人である弘子（根岸明美）から、愛人をしている作家の高山波太郎（小松方正）を調べてほしいという依頼を受ける。正義感が強く、舌鋒《ぜっぽう》鋭い高山が別人のようになってしまっているというのだ。

貴子の命を受けたオサムが弘子のマンションを訪れると、高山がいて鍋を食べていた。彼はボーッとしていた。一方アキラは高山邸に行ってお手伝いさんに聞き込みをするが、高山は庭先で若い愛人と抱き合っていた。

オサムとアキラはそれぞれ高山に張り付いて尾行するが、オサムがつけていた高山は理髪店の亭主で、高山のそっくりさんだったことが判明する……。

【解説】 冒頭、日本テレビの中継車が出向いた取材現場で、テレビに映ったことではしゃぐアキラ。オサムの好物は卵入りおじやだそうだ。しかし、この回でもオサムは腹をすかせている。改めて最終回に向けてオサムやアキラの困窮ぶりを確認しておこうということなのだろうか。綾部事務所での仕事内容の説明の場面では、オサム、アキラ、辰巳、綾部と四者四様遊びが利いていて見飽きない。水谷は岸田森のアクションに本気で笑ってしまっているようだ。ほかにも原宿のお店ビギの話題が出たり、講演会の式次第に「工藤栄……」「加納典暗」の名があったりと楽しんでいることがわかる。

今回のメインゲストは小松方正。風貌はいかつく、低音の渋い声でアクの強い悪役として大活躍。だが、それにとどまらずコメディ作品やバラエティ番組にも出演し、洋画の吹き替えでも活躍した名脇役中の名脇役。その演技力で見事に傲慢な評論家とその替え玉となる小市民の二役を演じ分けている。ストーリー上、当然オサムとアキラは小市民に肩入れし、評論家に怒りを燃やすのだが、両者を行き来する感情移入の転換がスムーズにできるのは小松方正の演技あってのことだ。ラスト、オサムが怒りを爆発させた後の切ない雰囲気を最終回でも流れる名曲「一人」（岸部修三・詞、井上堯之・曲）が盛り上げる。

第26話　祭りのあとにさすらいの日々を

脚本：市川森一　監督：工藤栄一
ゲスト：下川辰平《たつぺい》、森本レオ、石田太郎、柴田美保子

【あらすじ】オサムがペントハウスで寝ていると、大地震が起こった。その後、オサムは車に乗ろうとするが、駐車場の係員は辰巳が乗っていったと言う。そしてオサムが綾部事務所を訪れると、貴子や辰巳たちは不在で、家宅捜索で散らかった部屋には海津警部がい

た。貴子には本州四国間の海底トンネル建設に絡む不正が発覚して逮捕状が出たが、いち早く察知して辰巳ともども姿をくらましてしまったのだった。

オサムがペントハウスに戻ると、建設会社の社員が来て、1週間後にビルを取り壊すと言う。一方、アキラは自動車整備工の仕事を辞めて、今はゲイバーで働いていた……。

【解説】 伝説的な最終回。冒頭からこの世の終わりを告げるような災害シーン（映画『日本沈没』〈73年〉から拝借したようだ）や、大仰に「もう日本はダメよ」と舞うように告げる綾部貴子。市川森一夫人の柴田美保子、やはり市川の友人の森本レオ、『太陽にほえろ！』で萩原と親しかったという下川辰平らの客演など遊びの要素もある。が、散らかされたセットや愛車の不在。そしてペントハウスの取り壊しと、そこに挿入される機動隊に撤去される三里塚《さんりづか》の団結小屋の映像。諸々が番組の終焉《しゅうえん》をあおる。

ひとり高飛びする貴子。それを見送る辰巳。堅気の生活を夢見つつ、夜の仕事で無茶をするアキラ。そして、貴子に一度は誘われるもののアキラを見捨てられず最終的には日本にとどまってしまうオサム。ひとり取り残されたという孤独さが何とも言えない寂寥感《せきりょうかん》を醸し出す。前回でも流れたデイヴ平尾の歌う名曲「一人」が突き刺さる。

なお、エンディングの衝撃を多少なりとも和らげようとしたのか、本編の終了後、フィクションである旨のテロップのバックに横浜でのロケの際、別途撮影されたと思しき、ロケバスに乗り遅れてしまうショーケンというカットが使われているが、これもまた「取り残される」という淋しさを痛感させるものだった。

第6章　その後の『傷だらけの天使』

再燃する『傷天』人気

『傷だらけの天使』は全26話で本放送を終了した。関係者が語る通り、後半は視聴率が上昇し、萩原、水谷の人気も確立した。とはいえ視聴率は20％に届かず延長措置はなし。また、後番組はドラマではなく、下世話な話題を大量に取り込んだワイドショー『テレビ三面記事　ウィークエンダー』となった。当時のテレビの編成でいえば、ヒットした番組の後には同系統の番組が続くのが常識。大幅に路線が変わったということは、テレビ局にとって『傷天』は成功した番組とは言いがたかったのかもしれない。

しかし、『傷だらけの天使』を目撃した者はその内容を熱心に語り継いだ。あの印象的なオープニングや水谷の特徴的な「アニキ〜」のセリフの真似が流行した。萩原、水谷のその後の活躍とともに、夕方や深夜枠での再放送で『傷天』を知り、心惹かれていく者も多かった。1982(昭和57)年に岸田森が逝去した際には、萩原、水谷も葬儀に参列、続編の話が絶えずあったことを明かしている。その後も市川森一のシナリオが出版されたり、とんねるずや小堺一機《こさかいかずき》といった熱心に『傷天』の影響を語るタレントが現れ、見たことがない者にとっても伝説的なドラマであると認知された。懐かしのテレビを回顧するバラエティ番組でも取り上げられる頻度は高く、オープニングや衝撃的な最終回は、番組そのものを知らない者たちにも印象深く記憶されたのだ。

『傷だらけの天使』なんか凄《すご》くマニアックな人がいて、バーで突然「あにきー」なんて声色を真似て話しかけてきたり……。

自分では「もう卒業したんだ、もう二度と書きたくない」と思ってもファンが許してくれない。昔別れた女の名前を言われてるような気持ちです。

(『週刊文春』1991年2月21日号、市川森一の発言)

「僕はプロデューサーを育成する映画専門大学院大学で２００６（平成18）年から６年間学長をやってたんですけど、特任教授として招聘した是枝裕和《これえだひろかず》監督に初日の講義の冒頭で〝僕は学生時代に『傷だらけの天使』を見て楽しんでいたんで、工藤さんに頼まれると断れないですよ〟と言われた時は嬉しかったですね。清水さんも言っていたんですけど、改めて見直してみると傷天はそれほどのものかな〜？と（笑）。まあ勢いはあるんですけどね。でもあの時代には本当にフィットしたんでしょうね」（工藤英博）

１９９２（平成４）年には全話のビデオ化が実現。その後、豪華な資料を添付したレーザーディスクのボックスセットや、放送当時には発売されなかった音源を網羅したＢＧＭ集も発売。放送当時から支持してきたファンが送り手側になる年齢になったこともあるのだろう。改めて評価が高まり、新たなファン層の開拓にもつながった。

１９９７年版『傷だらけの天使』

そうした背景があってか、１９９７（平成９）年に『傷だらけの天使』を冠した劇場用映画が製作される。監督は赤井英和主演の『どついたるねん』（89年）でデビューし、『王手』（91年）、『トカレフ』（94年）などで独自の世界観が高い評価を得た阪本順治。脚本は『探偵物語』（79～80年）、『野獣死すべし』（80年）など、松田優作主演作を数多く執筆したことで知られる丸山昇一。音楽担当に井上堯之が名を連ねるものの、出演者、スタッフともに『傷天』に関わった人物は皆無という座組である。

「松竹から豊川悦司君と真木蔵人《くろうど》君で『傷だらけの天使』をやりたい。監督は阪本順治さんでというオファーでした。僕のほうでも再三確認しましたけど、萩原健一と水谷豊が出ない『傷天』って何なの？って話だわな。それは全然関係なしにタイトルだけ使ってやってくださいって。テレビ版の話をどうのこうのっていう条件だったら、やめようと思ってたの。あれは本当によくできてる、俺がものすごく意識してるシリーズだったから。萩原健一って人がすごく好きで、若い頃はテレビなんかバカにしてたんだけど、あれが出てきた時には『うわー！』って思ったよな」（丸山昇一）

阪本監督にしても、『傷だらけの天使』という作品は、萩原、水谷、そして時代背景があってこそのものと判断していた。豊川の役作りに萩原の影を感じる場面もあるが、製作者側はあくまでもオリジナルと捉えていた。

「映画版はオリジナル脚本。市川さんのにかないっこないもん。ただ、テレビ版で田舎から出てきた人の話が多かったじゃない。僕も田舎から出てきたんで、自分が抱えてるテーマっていうか、そういうものを拾い上げて書いたつもり。萩原健一が『約束』(72年)で出てきて、『青春の蹉跌』(74年)もすごくて、その後に『傷天』が始まったんだよね。俺テレビなんて見なかったんだけど、本当にビックリした。それで撮ってる監督や書いてる脚本家の作品を追いかけるようになって、それくらい僕にとってテレビ版の『傷天』は大きかったんだよ。多分それは優作にとっても同じだと思うんだけど、優作とは一切『傷だらけの天使』の話をしたことはなかった。でもわかるんですよ、彼が萩原健一を意識していて、『傷だらけの天使』に衝撃を受けたんだなということは」(丸山昇一)

リスペクトゆえに、影響がにじみ出たようなオリジナル作品。否定的な意見も多かったが、丸山にとっても阪本にとっても大切な作品であることは間違いない。また、この作品が多くの『傷だらけの天使』ファンを刺激したことも。

「(映画版は)皆さん思われているように、全く別物でした。今から見るとまた違うのかとも思いますが、オサム脳アキラ脳で見ると、まるで受けつけられないものでした。ただ、漫画が生まれるきっかけの大きなひとつでした」（西田俊也）

幻のエピソードを求めて——漫画版登場

熱心な『傷だらけの天使』ファンである小説家・西田俊也は当時の様子を振り返る。

「ちょうどインターネットを僕が始めた頃で、映画の告知とともにドラマ版を愛する人も熱を帯びたのか、ホームページや掲示板でドラマ愛を発信している人がいました。その中に全話紹介（といってもキャストやタイトルが載っている程度）が書かれているページがありました。そこに見たことも聞いたこともないエピソードが載っていました。深作監督の回の前に3話分があったでしょうか。聞いたことがない。ビデオにもなってない。29話なんて半端な作りなどあるわけがない。でも、もし本当なら絶対に見なければならない。

関西で再放送を実現させたプロデューサーを知っていたので、『幻の3話があるということなんですが知ってますか？』と聞きました。回答は『いいえ、送られてきたフィルムにはそんなものはありませんでした』ということでした。そこでホームページの持ち主に

『いったいあなたはどこでそれを見たのか、どんな内容だったのかもっと教えてほしい』と連絡をしました。結果は彼の記憶違いで、ホームページからは削除されるのですが。でも詰問して訂正してほしい気持ちより、がっかりしたほうが大きかったですね」（西田俊也）

そんな思いを西田は盟友である漫画家・やまだないとに伝えたところ、彼女から提案があった。

「映画版がダメなら、私たちでリメイクしないかと」（西田俊也）

「ショーケンも水谷豊も歳《とし》を取って大人になってしまって、映像でやれるわけないんだから、これは小説と漫画が強いんじゃないですかって」（やまだないと）

2人のコンセプトはドラマ版の全26話のほかに「幻の話」が存在したらというものだ。とにかく26話だけではもったいないという2人の思い。そしてこの企画は、ひと通りの青年漫画誌に持ち込まれた。編集者の多くもドラマを記憶しており、反応はあったものの、版権処理にかかる費用などの事情で実現しなかった。そんな折、辰巳出版グループのパチンコ雑誌『パチスロ7《セブン》』から執筆のオーダーが舞い込む。その編集者はまだ若く、『傷だらけの天使』を知らなかったが、企画を提案しドラマを見せてみると……。
「若い編集の人が、『このドラマめちゃくちゃかっこいいですよ』って言って、その気持ちだけでどんどんいろいろなことを進めてくれて。東宝さんに許可を取っちゃったんですよ。東宝を通して市川森一さんのところに行って、市川さんも是非話したいってことになって。辰巳出版って名前も気に入ったみたいで」（やまだないと）
市川森一が原案としてクレジットされ、ロゴタイトルは本編のものをそのまま使用。まさに破格の内容だ。
「市川さんは、漫画版をやろうというぼくらの申し出に、『友達のアルバムの中の古い写真の中に自分が写っているのを見つけて、焼き増ししてよという思いで、あなたたちの作品を楽しみにしている』と言ってくれました。僕らをあの世界の一員に入れてあげるよという最大の許可証だったと思っています」（西田俊也）
「市川さんに『放送されてない話っていうのがあれば、それは絶対面白いから、西田さんやりなさい』って言われて。それでその時、『オサムとアキラの出会いが見たい』とも言われたんですよね。単行本の最後のほうに載っている2人の出会いのエピソードは、連載と関係がないところで1本描いていいって言われたので、描いたんです。いかにも、なんかフィルムが途中でなくなったみたいなつもりで」(やまだないと)

大きな愛が込められた漫画版。2000(平成12)年に辰巳出版から単行本が発売されたが、やはり版権などの事情があり、再版は難しいという。

「でも、それも『傷だらけの天使』らしいかなって」(やまだないと)

その後のオサム——小説版、幻の映画版

2000年には雑誌『STUDIO VOICE』が大々的な萩原健一特集を組んだ。その内容は、やはり『傷だらけの天使』に多くの誌面を割いており、何かしらの動きがあることを感じさせた。萩原はドラマ、映画に精力的に出演していたが、2004(平成16)年、交通事故を起こし、また映画出演のギャラをめぐり恐喝未遂容疑に問われるなどのトラブルが相次いだ。

しばらくのブランクののち、萩原は再生を図る。2006(平成18)年、柏原寛司はオサムのその後にフォーカスした続編企画に取り組むことになる。柏原は『傷だらけの天

使』ののち、『あいつがトラブル』（89〜90年）、『豆腐屋直次郎の裏の顔』（90年、91年、92年）といった、マカロニやオサムのその後を感じさせる萩原主演作に携わっていた。そして、柏原は萩原健一初監督作となる予定だった作品の脚本に取り組んだが企画は頓挫。さらに『豆腐屋直次郎の裏の顔』の映画化という案を萩原が出すも、そちらも関係各所との折衝は不調に終わっていた。そこで浮かび上がったのが『傷だらけの天使』だった。

「俺が2006年に企画書を作って、はじめはまずオリジナル版の企画者、岡田晋吉さんと東宝の梅浦洋一さんに話をした。それで東宝と日本テレビに挨拶に行った。けれど東宝や日本テレビは直接は動かない。やるのはどうぞそちらでという話になった。俺はいわゆる初期のメンバーでやらなきゃ意味がないって言ってたのよ。だからその頃、お元気だった磯野さんに入ってもらい、市川さんに脚本を書いてもらって、俺が監督するって話になったの」（柏原寛司）

萩原からは「綾部さんのオムツを替えたい」というアイデアも出ていた。岸田今日子の出演を打診すべく、マネージャーにアプローチしたが、その時には岸田は体調を崩していた。そして彼女は、その年の12月に没する。

その後、あるプロデューサーが関わり、『傷だらけの天使』のパチンコ台を作り、製作費を捻出するという話が出た。しかし、東宝からパチンコ台企画の許可は下りなかった。監督の人選などの絡みもあり、柏原は降板する。この際には企画書のみが残された。

そして2008（平成20）年、萩原の自伝『ショーケン』が出版され話題を呼ぶ。その直後、矢作《やはぎ》俊彦執筆の小説『傷だらけの天使　魔都に天使のハンマーを』（講談社、のち文庫化）が出版された。萩原、市川の承諾のもと、30年後のオサムの姿が描かれる。

「酔っ払いながら『傷だらけの天使』の続編を書きたいと僕が言ったらしいです。多分酔って適当なこと言ったんですよ」（矢作俊彦）

『傷だらけの天使』のみならず、『太陽にほえろ！』や『豆腐屋直次郎の裏の顔』も想起させる人物やエピソードが盛り込まれ、はっとさせられる作品だ。

「『傷だらけの天使』ってのはものすごく特殊な作品でね。例のエンジェルビルの屋上が出てきますけど、ああいう空間性、ああいう居住性ね。それとショーケンと水谷豊が持ってた身体性っていうのは、あの時代の空気そのものなんですよ。それ以外の何物でもなくてね。チンピラとも探偵とも何ともつかない者が新宿を見下ろすビルの屋上で生きている。

それだけでいいんですよ。それがわからない人間はあのドラマに金は出さないんじゃないですか。間違いなく、違う俳優じゃ作れないもんですから。別のになっちゃう。だから、もう歳を取ってる、アキラも死んでると、それは大前提でね、話を作ったんですよ」（矢作俊彦）

やはり、ショーケンという存在は『傷だらけの天使』の象徴だった。矢作はこうも語った。

「本当のハイマート・ロス、故郷喪失者っていうものを描いたドラマは『傷だらけの天使』以降、多分日本ではもう作られてないんですよ。エンジェルビルっていうのは屋上で、日常空間でも家でもない。ショーケンの身体性を満たす空間でしかないんですよ。だから、そういうもんだって思うとわかりやすくないですか」（矢作俊彦）

小説版も話題となる中、2009（平成21）年、市川森一が脚本に関わった『TAJOMARU』で萩原は俳優業に復帰。一方で『傷だらけの天使』映画版の企画は『TAJOMARU』を手掛けた山本又一朗、奥山和由《かずよし》といった名だたるプロデューサーの間を渡り歩いた。この時期には市川や山本の働きかけで萩原と水谷豊の再会の場も2回ほどあった。萩原の復活に向けて、水面下でさまざまな動きがあったがスポンサー問題などもあり、こうした動きは皆終息していった。

そして2011（平成23）年。企画は巡り巡って柏原のもとに戻ってきた。彼は再び『傷だらけの天使』映画版に取り組むことになる。その際に〝相棒〟となったのが、磯野理の薫陶を受けた東宝の元プロデューサー・本間英行《ひでゆき》だ。

「脚本を市川さんにお願いして監督は柏原さん。それでオサムと息子の健太が大きくなって、オサムと健太のコンビでやろうと。水谷さんも口説いてみようと」（本間英行）

「純粋な出演者が亡くなってきて、これはもう健太とやるしかない。それはそれで面白いからバディで行こうと」（柏原寛司）

萩原の意見を取り入れつつ、脚本執筆が行われた。この際の企画は実現寸前まで進行したという。

「東宝や日テレには仁義を切って挨拶をして、でも企画開発は一緒にできなかった。それでもう大概の製作会社には当たりましたね。配給会社1社だけ手が挙がりましたが、権利元関係でブレーキがかかりました。映画が無理ならNHKでもという話も出た。もうどん

だけ動いたか」（本間英行）

とはいうものの、資金的な問題もあり、またトラブルメーカーと思われていた萩原との仕事に乗ってこない会社も多かった。

「ショーケンとやるときには必ずショーケン番のプロデューサーをひとりつけて、それで対応するから大丈夫だって説得してね。最後は俺が猛獣使いするから大丈夫だって言っても、みんな責任を取りたくないんだな。何かあった時に」（柏原寛司）

また、重要な人物の死もあった。２０１１年12月に、市川森一が物故する。

「その年の10月にちょうど長崎くんち（祭礼）に行ってた。その時、長崎出身の市川さんがゲストで来てて。電話してちょっと会いますかと言ったら、スケジュールがいっぱいなんで、東京に帰ったらという話になった。〝『傷天』は柏原君が書きなよ〟とか言っていたな。〝もういいよ、僕は〟って。そうしたら亡くなっちゃった。もう体調がよくなかったんだろうな」（柏原寛司）

結局、映画版は実現しなかった。しかし、本間らは健太を主役に、テレビシリーズのゲストキャラを登場させるというアイデアも持っていて、今もチャンスを狙っている。

「もうライフワークになっちゃっているね。きっと実現できるよって応援してくれるプロデューサーには言われるんだけど。その言葉を信じて、実現の時には柏原さんを顧問に招いて……」（本間英行）

『傷だらけの天使』への熱い思いは、いまだやまない。

コラム　メロディとサウンドの豊かな世界

『傷だらけの天使』のもうひとりの主役といっても差し支えないのが、印象的なメインテーマを筆頭とする音楽群だ。それを生み出したのは、萩原と音楽活動をともにしてきた手練れのロック・ミュージシャンたちであった。

演奏は井上堯之バンド。萩原と沢田研二が共闘したPYGが井上堯之バンドに移行した経緯は第1章に記した通りだが、『傷だらけの天使』の時期のメンバーはリード・ギター井上堯之、キーボード大野克夫、ベース岸部修三（後に一徳）、サイド・ギター速水清司《はやみきよし》、ドラム田中清司《きよし》という面々だった。

メインテーマをはじめ、主要な楽曲の作編曲は大野克夫が担当。大野は1939（昭和14）年9月12日、京都府生まれ。生家は呉服店。父は家業の傍ら尺八奏者として活動していた。また母は箏《そう》の奏者であり、姉や兄も楽器や洋楽に親しんでいた。こうした背景から家には多種多様な楽器が置かれ、大野は早くからそれに触れるなど音楽的に恵まれた環境で育った。

高校時代に独特の音色に惹かれて、カントリーのスティールギターを奏で始め、その高い演奏力で京都の音楽シーンで名を馳《は》せた。その後、その腕を見込んだ田邊昭知の誘いにより1962（昭和37）年にザ・スパイダースに加入。スティールギターに加え、オルガンなどの鍵盤類を担当。ほかにも箏やヴィブラフォンなどのさまざまな楽器を演奏した。スティールギターでシンセサイザーのような幻想的な音色を奏でるなど独創的な音作りで大いに個性を発揮した。その上に沢田研二の「時の過ぎゆくままに」「勝手にしやがれ」などに代表されるヒット曲の作曲も多く手掛けるキャッチーなメロディメーカーとしての才能も際立っていた。

こうした幅広い音楽性がザ・スパイダース、PYGらの音楽の独創性に貢献したが、この才能が大いに発揮されたのが多様性を求められる映像作品のサウンドトラックであった。中でも『傷だらけの天使』は『太陽にほえろ！』と同様に、インストゥルメンタルでありつつもキャッチーなメロディがロック、ジャズ、カントリーなどさまざまな要素をはらんだアレンジで展開されていく。「既存のものに挑戦する」若者たちの気概、優しさ、悲しみ、怒り、挫折感……。そうした喜怒哀楽、さらにはその間にあるような繊細な感情を紡ぎ出す劇中音楽を生み出した。

さらに『傷だらけの天使』においては井上堯之もいくつかの印象的な挿入曲の作編曲を手掛け、さらに音楽的な広がりを見せた。井上は1941（昭和16）年3月15日、兵庫県生まれ（2018年5月2日没）。コーラスやダンスグループでの活動を経てザ・スパイダースに加入。独学の末にリード・ギター担当になったという、大野とは対照的な背景を持つ。

彼がプレーヤーとしてではなく、映像音楽の作曲家として最初に携わったのが萩原主演の映画『青春の蹉跌』（74年）。どこかリリカルな抒情のある哀切感漂う音楽だった。これを契機に沢田研二とバンド活動をともにするのと並行して萩原の映像作品の音楽を手掛ける機会が増えてゆく。大まかに流れを見ていくと、当初テレビ作品は大野、映画作品は井上という振り分けだったようだが、この『傷だらけの天使』での2人体制での作曲を機に井上も『前略おふくろ様』（75～76年）などのテレビ作品を手掛ける機会が増えてゆく。『青春の蹉跌』の脚本を担当し、後に沢田研二主演映画『太陽を盗んだ男』（79年）の音楽に井上を起用した長谷川和彦監督は過去のインタビューでこう振り返っている。

どっちかって言ったら、（大野）克夫ちゃんはわりとわかりやすい音楽作ってて、色んな意味で器用で対応力があると思われてた。堯之さんの方がムズカシイ、みたいな。その頃、ショーケンとジュリーで、なんだか堯之さんを取りっこしてた感じはあったよ。ま、堯之さん、心意気の人だからね。両方と心意気で付き合ってたけど（笑）。

（『ロック画報』第22号、２００５年）

こうした関係性が『傷だらけの天使』の音楽世界を豊かにしているのは間違いないだろう。

『傷だらけの天使』の後、音楽活動を再開させた萩原は井上をギタリストに招き、全幅の信頼を寄せた。井上もまた彼の代表曲、「愚か者よ」を作曲するなどその思いに応えた。健康面での理由から井上が音楽活動の休止を宣言した時に、萩原は「冗談じゃねー！　もう歌ができねーじゃないか！」と叫んだという。ザ・スパイダース時代からのキャリアを井上が振り返った著書『スパイダースありがとう！』（主婦と生活社、２００５年）には、こうした彼らの興味深いエピソードが多々綴《つづ》られている。

そして、劇中音楽ではないが、『傷だらけの天使』ファン必聴なのが、萩原の1975（昭和50）年のアルバム『惚れた』に所収の「兄貴のブギ」。ソロとしては初のアルバムで、俳優としての萩原のイメージを押し出した歌謡曲色の強いアルバム。その中に収められたこの曲は軽快なロックブギが突如浪曲調になったり、萩原・水谷の『傷だらけの天使』本編そのままの掛け合いが挿入されたりとやりたい放題のノベルティ色の強い楽曲。編曲は井上がクレジットされているが、作詞作曲は「ブギウギ三人衆」なる何とも人を喰《く》ったものの。『傷だらけの天使』の魅力の一側面が結晶している。そう言っても言いすぎではないと信じる。

エピローグ――ピリオドは、まだ……打てない

『傷だらけの天使』。その周辺では常に何かしらの「動き」があった。本編、音楽へのリスペクトをあらわにする作品の出現。続編、リメイクへの希求。さまざまな噂が飛び交い、静かにも熱くファンは視線を向けていた。そんな折……。

2019（平成31）年3月26日、萩原健一逝去。

GIST（消化管間質腫瘍）なる治療困難な癌《がん》との闘病の末だった。さまざまなトラブルや低迷期を経て、近年も不死鳥のごとく多くの話題作に出演。精力的な活動を見せていた矢先の訃報。萩原の活躍を、輝きを記憶するものは大いに嘆いた。

周囲からは盟友ともライバルともみなされていた松田優作が没したのは1989（平成元）年11月6日のこと。

「平成は優作の死で始まり、ショーケンの死で終わる」

元号が変わることが告知された時期の訃報に、時代の変わり目を見せつけられるような感慨を抱いた人も少なくない。

それからわずかな時を経て、かねて老朽化からの危険性で存続が危ぶまれていた「代々木会館」＝「エンジェルビル」の閉鎖、解体が現実のものとなる。２０１９（令和元）年8月1日から２０２０（令和２）年1月30日にわたる解体工事の模様を名残惜しく見つめるファンが多数いた。そこに集ったファンの声を掬《すく》い上げるラジオ番組もあった。あの猥雑な空気を、波乱に満ちた時間を心に縫い留めようとするように。

１９９７（平成９）年の映画版『傷だらけの天使』の脚本を手掛けた丸山昇一はこう述懐する。

「ショーケンさんが亡くなった時に、優作さんの亡くなった時と比べてあまり話題にならなかった気がして、非常に残念だった。ショーケンは長く生きすぎちゃったのか、どこか冷遇されていると感じたんだよね。あんな素晴らしい俳優なのに……」

……どのように語ればよいのか、皆迷ってしまったのかもしれない。

だが、何かしらの熱い思いを抱えて彷徨《ほうこう》する人々は確実に存在する。その証言を本書は可能な限り掬い上げてきた。
『傷だらけの天使』……ピリオドは、まだ……打てない。

あとがきにかえて

日本のテレビ映画史上に間違いなく名前を残す名作についてのノンフィクションを書く。そんな光栄な話をいただき、喜び勇むとともに、大いなる虞《おそれ》がありました。『傷だらけの天使』。この名作をとことん追求しようという書籍の企画は過去に幾度も立ち上がったことを私は記憶しています。かれこれ20年強、こうした仕事に携わっていますが、企画が座礁するのを幾度か間近で目撃しました。

今回、取材にあたり、偉大なる作品の現場に携わったクリエイターの皆様のお話を聞き、大いに刺激を受け、発奮しました。

とはいうものの、いざ執筆に取りかかってみると、大いに戸惑い、しんどかったというのが偽らざる実感です。幾度もこれでいいのか、と筆が止まり、さまざまな思いが頭を巡りました。

『傷だらけの天使』という作品の存在がいかに大きいものか。改めてそれを思い知った。そんな心境です。

自分自身が魅力を感じるものについて書くということがここまで難しいものとは……。

50年近い時を経てもなお人を惹きつける。その魅力は何なのか。

今回の取材を通じ、作品作りに携わった方々、インスパイアされた方々、愛してやまない方々。さまざまな熱い思いに触れ、圧倒されてしまったのかもしれません。

おいそれと、『傷だらけの天使』に触れてよいものなのかと。

しかし、蛮勇をふるい、取り組んだ結果、混沌《こんとん》とした熱い時代のうねり、演者、作者たちのアンビヴァレンツな思いを掬い上げることはできたのではないかと思います。

そして、まだまだ掘り下げるべきこと、語るべきことはあるのではないかとも。

『傷だらけの天使』。今後も語り継がれ、人々を魅了するに違いありません。その手掛かりは、確かにこの本でつかめたと思います。

その手掛かりをもとに、また何かが始まる……。そうに違いありません。

謝辞

本書の執筆にあたり、多くの皆様に取材、資料提供などのご協力をいただきました。心よりお礼申し上げます。

岩崎純、柏原寛司、加納典明、鎌田敏夫、菊池武夫、木村大作、工藤英博、後藤秀司、柴田美保子、高畠久、戸波英剛、西田俊也、原隆仁、本間英行、丸山昇一、安室修、矢作俊彦、やまだないと、山本邦彦、渡邉由自、そして『傷だらけの天使』をこよなく愛する方々。

最後に本書の企画実現にあたり、九龍ジョー氏に尽力いただいたことに感謝いたします。

2024年3月

佐藤洋笑

山本俊輔（やまもと しゅんすけ）

一九七五年生まれ。作家、映画監督。『殺し屋たちの挽歌』でロードアイランド国際ホラー映画祭観客賞を受賞。『カクトウ便／そして、世界の終わり』で劇場公開デビュー。映画の分野をメインに執筆活動中。

佐藤洋笑（さとう ひろえ）

一九七四年生まれ。音楽雑誌編集者を経て映画、音楽を中心にライターとして活動。山本俊輔との共著に『NTV火曜9時』『映画監督 村川透』（共にDU BOOKS）がある。

永《えい》遠《えん》なる「傷《きず》だらけの天《てん》使《し》」

集英社新書一二一三F

二〇二四年四月二二日 第一刷発行

著者……山本俊輔《やまもとしゅんすけ》／佐藤洋笑《さとうひろえ》

発行者……樋口尚也

発行所……株式会社集英社

東京都千代田区一ッ橋二-五-一〇 郵便番号一〇一-八〇五〇

電話 〇三-三二三〇-六三九一（編集部）

〇三-三二三〇-六〇八〇（読者係）

〇三-三二三〇-六三九三（販売部）書店専用

装幀……原 研哉

印刷所……大日本印刷株式会社 TOPPAN株式会社

製本所……株式会社ブックアート

定価はカバーに表示してあります。

ISBN 978-4-08-721313-3 C0274 Printed in Japan

a pilot of wisdom